사서를 위한 마음 약방

임성관 지음

임성관　　대학교에서는 문헌정보학과 미디어영상을, 대학원 석사과정에서는 사서교육전공과 상담심리전공을, 대학원 박사과정에서는 문헌정보학을 공부했으며, 성균관대학교 생활과학연구소에서 국내 최초로 운영되었던 독서치료전문가 과정을 1기로 수료했습니다. 더불어 숙명여자대학교 아동교육전문가 과정도 1기로 수료한 후 2004년 2월에 휴독서치료연구소를 설립해 17년 동안 소장으로 일했으며, 현재는 경기대학교 교육대학원 사서교육전공 조교수로 근무 중입니다.

또한 휴독서치료연구소 고문, 한국독서교육연구학회 회장, 한국도서관협회 독서문화위원회 위원, 천안시공공도서관 및 작은도서관 운영위원회 위원, 국립어린이청소년도서관 도서관이야기 편집위원, 국방부 진중문고 분야별 외부 추천 전문가, 경기도교육청 사람 책, 법무부 소년보호위원, 문화체육관광부 및 한국예술인복지재단 인증 문학인으로도 활동하고 있으며, 20년이 넘는 기간 동안 독서 분야 발전을 위해 기여한 공로로 2021년 제27회 독서문화상 시상식에서 국무총리 표창을 받았습니다.

그동안 출간한 책은 총 45권으로, 그 중 독서치료 관련 도서로는 『독서치료의 모든 것』, 『독서치료 수퍼비전의 실제』, 『독서치료에서의 문학작품 활용』, 『노인을 위한 독서치료 1-2』, 『성인을 위한 독서치료 1-2』, 『청소년을 위한 독서치료 1-2』, 『어린이를 위한 독서치료 1-2』, 『책과 함께하는 마음 놀이터 1-4』, 『애도를 위한 독서치료』, 『우울 극복을 위한 독서치료』, 『관계 증진을 위한 독서치료』 등이 있고, 독서지도 관련 도서로는 『(노인을 위한 1년 독서 실천 전략) 독서사도』, 『책 좋아하는 아이 만들기』 등이, 독서상담 관련 도서로는 『(자녀의 독서를 고민하는) 엄마들의 책』이 있습니다. 또한 독서클리닉 관련 도서로는 『독서로 풀어가는 난독증 1-2』, 독서코칭 관련 도서로는 『초등 학습능력 올리는 독서코칭』이, 이어서 독서 활용 분야들을 아우른 『독서 : 교육·지도·상담·코칭·클리닉·치료』가 있습니다. 마지막으로 아동 및 청소년들을 위한 도서로는 『나를 표현하는 열두 가지 감정』, 『동시 : 함께하는 시간』, 『상상 도서관』, 『SWAG』, 『카운트다운』, 『오, 신이시여!』, 『미디어의 쓸모』, 『중학교 2학년』, 『강아지 똥은 왜 자아존중감이 낮았을까?』가 있습니다.

사서를 위한

마음 약방

임성관 지음

LIBRARY

사서를 위한 마음 약방

글 순서

들어가기

사람은 인지와 정서, 행동의 결합체라고 한다. 이는 곧 생각을 하고 감정을 느끼며 행동으로 이어가는, 그야말로 살아 있는 유기체라는 의미이다. 그런데 사람에 따라 생각이나 감정, 혹은 행동이 더 발달되어 그 부분이 우선하는 경우가 있고, 가끔 그 정도가 지나쳐 때로는 고충을 겪는 경우도 있다. 또한 종사하고 있는 직업에 따라 어느 한쪽을 더 활용할 수밖에 없는 경우도 있다. 감정 노동 역시 그런 양상을 칭하는 용어 가운데 하나로, 특히 서비스직에 종사하는 사람들이 많이 겪는다고 알려져 있다.

따라서 도서관이라는 공공 서비스 기관에 근무하는 사서들 역시 감정 노동에 시달릴 수 있다. 왜냐하면 공공은 사회의 일반 구성원 모두에게 공동으로 속하거나 두루 관계되는 것이기 때문이다. 즉, 공공 기관으로써의 도서관은 원하는 사람이면 누구나 이용할 수 있는 곳이기 때문에,

성별과 연령대에 상관없이 다양한 이용자들을 접해야 하는 사서들은 그만큼 힘이 들 수 있다. 아마 이런 측면은 이미 사회인으로 특정 직업에 종사하면서 여러 사람들을 겪어본 분이라면 쉽게 이해할 수 있을 것이다.

사실 이 책에 포함된 열두 개의 처방전은 한국도서관협회에서 발간하는 '도서관 문화'에 2021년 1월부터 12월까지 매월 연재했던 것으로, 총 열두 개의 주제로 이루어져 있다. 열두 개의 주제로 풀어낸 이야기들은 사서들의 감정을 독서치료적 측면에서 다독여 주기 위한 시도였기 때문에, 먼저 이론적 측면에서 설명을 하며 해당 개념 등에 대한 이해를 돕고자 했고, 이어서 직접 찾아 읽으면 마음이 정화될 문학작품들도 선정해서 제시했다. 문학작품들은 그림책에서부터 일반 전문 도서까지 형태 및 분량을 달리했고, 각 주제에 따라 제시된 양이 조금 더 많은 경우도 있다. 그 가운데 그림책을 선정한 데에는 다음과 같은 이유가 있다. 첫째, 성인들이 읽어도 충분한 감동과 함께 통찰할 수 있는 그림책이 다수 출간되어 있기 때문이다. 마침 그림책은 글과 그림을 함께, 비교적 짧은 시간 내에 읽을 수 있는 장점도 갖고 있다. 둘째, 워낙 영상 미디어를 선호하는 사람들이 많아서 읽기에 대한 부담을 느끼는 분들을 위해 골라 읽을 수 있게 하기 위해서였다. 셋째, 분야에 따라 적정한 책을 많이 찾을 수도 있지만 그렇지 않은 경우도 있기 때문이다.

물론 이 책에 담긴 내용 대부분은 지금도 한국도서관협회 홈페이지를 통해 읽을 수 있다. 따라서 책으로 내는 것의 가치가 떨어질 수 있지만, 그럼에도 종이로 된 책을 선호하는 분들을 위해, 또한 도서관에도 비치가 되어 현장에서 근무하는 사서들은 물론이고 일반 이용자들도 읽었으면 하는 바람에 출간을 결심했다.

필자의 입장에서 희망적인 점은 이미 이 내용을 읽은 분들께서 본인은 사서가 아님에도 도움받은 부분이 있다고 말씀하셨다는 것이다. 이는 곧 어떤 직업에 종사하고 있는가에 상관없이 감정 노동에 초점을 둔다면, 실제 그런

부분들 때문에 어려움을 겪고 있는데 마침 책읽기까지 좋아하는 분들이라면 누구나 도움받을 수 있다는 의미이다. 이에 1년 동안 하나의 주제로 매월 글을 써내는 작업이 결코 쉽지만은 않았지만(필자 역시 감정 노동에 시달렸다.), 덕분에 이 시간에도 감정 노동을 하고 계실 분들에게 조금이나마 도움이 될 책을 출간하게 되었다는 점에 감사할 따름이다. 다만 이 책의 출간과 판매를 위해 감정 노동에 시달리실 출판사 직원분들께는 미리 죄송한 마음을 전한다. 부디 이 책이 많이 팔려서 그분들의 노고에 위로가 되기를 간절히 바란다.

2022년 2월
임성관

사서를 위한 마음약방

첫 번째
처방전

감정 노동자인 사서

1. 감정, 노동을 시작하다

감정(emotion)은 어떤 일이나 현상, 사물에 대해 느꼈을 때 나타나는 심정이나 기분을 뜻하는 단어로, 주관적이며 내면적인 성격을 갖고 있다. 즉, 같은 현상을 접해도 사람들은 저마다의 감정을 느낄 수 있으며, 표현하기 전까지는 타인들이 알 수 없다는 뜻이다. 감정을 표현하는 우리말 단어는 흔히 쓰는 것만도 430여 개에 달한다고 하는데, 이와 같은 결과는 서울대학교 심리학과 민경환 교수팀이 연세대학교 언어정보개발연구원이 만든 『현대 한국어의 어휘빈도 자료집』에 담겨 있는 6만 5천 개의 단어들을 분석해 『한국심리학회지 사회 및 성격』에 발표한 논문[1]에서 확인할 수 있다. 분석 내용에 따르면 우리말 단어에는 불쾌한 감정을 표현하는 것이 압도적으로 많은데, 그 이유는 인류 진화사에서 '쾌'보다는 '불쾌' 쪽 정서에서 표현의 구별과 적절한 대처가 더 필요했기 때문이라고 한다.

노동(labor)은 사람이 살아내기 위해 특정한 대상에게 육체적·정신적으로 행하는 활동을 가리키는 사회 용어로써, 모든 인간들은 살아 있는 한 생존을 위한 수단으로 노동을 할 수밖에 없기 때문에 인류의 역사가 곧 노동의 역사라고 할 수 있다. 노동은 일반적으로 '육체노동'과 '정신노동'으로 양분되면서 블루칼라와 화이트칼라로 대별되다가, 서비스 산업의 성장과 빠른 전환에 따라 감정노동(emotional labor 또는 emotion work)이라는 용어가 등장했다. 따라서 이제는 어떤 직업에 종사하든 감정노동은 피할 수 없는 현상이 되었으며, 심지어 세 종류의 노동을 모두 해야 하는 사람들도 있다. 때문에 감정노동에 따른 고통으로 이직을 넘어 자살까지 하는 노동자들이

---

1) 박인조, 민경환. 2005. 한국어 감정단어의 목록과 정서 차원 탐색. 『한국심리학회지 사회 및 성격』, 19(1): 109-129.

늘어나면서 심각한 사회 문제로 대두가 되자, 2018년 3월에는 감정노동법이 국회를 통과하였고 4월 17일에는 산업안전보건법상 감정노동 관련 사업부 의무사항도 신설된 상태이다.

미국 캘리포니아대학교 버클리 캠퍼스 사회학과의 명예교수이자 사회학자이면서 '감정노동'이라는 개념을 처음 정리한 '앨리 러셀 혹실드(Arlie Russell Hochschild)'는, 1983년에 출간한 책 『The Managed Heart : Commercialization of Human Feeling』[2]에서 감정노동을 '업무상 요구되는 특정한 감정 상태를 연출하거나 유지하기 위해 행하는 일체의 감정 관리 활동'으로 정의하면서, 직무의 40% 이상을 차지하는 노동 유형이라고 했다. 또한 사람들로 하여금 다른 사람들의 기분을 좋게 하려고 자신의 감정을 고무시키거나 억제해야 하고, 경우에 따라서는 각자의 개성을 구성하는 본질이라고 여기는 부분까지 다 내주어야 할 상황이 생길 수도 있다고 하였다. 그러므로 이와 같은 어려움을 겪지 않으려면 참된 자아를 내면화하여 일관되고 진솔하게 살아갈 수 있는 힘을 키우는 것이 중요하다.

---

2) 앨리 러셀 혹실드 지음, 이가람 옮김. 2009. 『감정노동 : 노동은 우리의 감정을 어떻게 상품으로 만드는가』. 서울: 이매진.

2. 사서도 감정노동자

한국고용정보원이 2014년 6월부터 10월까지 730개 직업 종사자 당 35명씩 총 2만 5,550명을 대상으로 실시한 '2014 재직자 조사'[3]를 분석한 결과에 따르면, 감정노동이 가장 큰 직업은 '텔레마케터(전화통신판매원)'인 것으로 나타났다. 이어서 '호텔 관리자', '네일 아티스트'가 공동 2위였고, 그 뒤를 이어 '중독치료사', '창업 컨설턴트', '주유원', '커리어 코치', '치과 위생사', '바텐더(조주사)', '해양 경찰관', '법무사' 등이 20위 안에 포함됐다. 결국 사람과의 직접 대면을 통해 서비스 등의 직무를 수행해야 하는 직업군에 종사하는 이들의 감정노동이 크다는 것을 다시 한 번 확인할 수 있는 결과임에는 분명하지만, 이 결과를 통해서는 도서관 사서들의 감정노동이 얼마나 심각한가에 대해서 알 수가 없는 아쉬움이 있다.

왜냐하면 도서관도 이용자들이 도서관에 대해 우호적인 감정을 갖도록 하는 전략적 노력이 필요하기 때문에, 그 과정에서 사서가 스스로 감정을 속이고 조절해야 하는 감정노동을 경험하게 되는 곳이기 때문이다. 또한 도서관 사서의 입장에서

3) 한국고용정보원. 2014. 『2014 재직자 조사』. 음성: 한국고용정보원.

보면 실제 이용자로부터 받는 직무스트레스가 상당함에도 조직의 사명을 수행해야만 한다는 전제하에 최상의 서비스를 제공해야 하는 직무고충이 따를 수밖에 없고, 이러한 직무환경은 사서로 하여금 직무소진 및 직무불만족과 같은 부정적 결과를 겪게 한다. 따라서 감정노동에 대한 지각을 통해 이를 적절히 제어할 수 있다면, 사서가 도서관서비스 접점 지역에서 서비스를 제공하는 데 있어 조직성과에 긍정적인 결과를 가져올 수도 있을 것이다.[4]

그렇다면 공공도서관 사서들의 감정노동은 어떤 측면에서 발생할까? 첫째, 사회적으로 요구되는 업무의 측면이다. 공공도서관 사서는 공중의 정보 이용·문화 활동·독서 활동 및 평생교육을 위하여 도서관서비스를 제공하는 방대한 업무를 담당해야 한다. 그러나 도서관서비스의 핵심요소인 지식과 정보 그리고 문화와 교육이란 무정형이며 정량화가 쉽지 않을 뿐더러 그 내용과 범위가 무한하다는 특성을 내재하고 있다.[5]

---

4) 민숙희. 2014. 대학도서관 사서의 감정노동에 관한 연구 : 상사의 감성지능, 사회적 지원 및 도서관서비스 제공수준과의 관계를 중심으로. 『한국문헌정보학회지』, 48(4): 345-376.

5) 민숙희. 2014. 앞의 논문.

그러므로 공공도서관 사서의 업무는 복합적이고 주로 전문가적인 판단에 의하여 진행되게 되며, 이에 따라 공공도서관 사서에게 물리적이고 육체적인 작업만큼이나 지적이고 감정적인 노동이 요구되는 것이다.[6] 둘째, 이용자서비스 측면이다. 공공도서관의 목적은 도서관서비스를 제공하는 것이며, 사서는 이용자에게 제공하는 서비스를 통해 만족감과 재이용을 유발하는 책임감을 발휘하여야 한다. 그러나 공공도서관에서 제공해야 하는 도서관서비스는 일반 공중의 범위나 대상이 매우 다양하며 이질적이란 점에서 감성 자극적이며 갈등유발의 잠재력이 높다고 할 수 있다.[7] 더구나 지식정보와 문화적 충족에 대한 사회적 요구의 수위가 점점 높아지면서 공공도서관 이용자들의 수준과 기대치도 상승하여 공공도서관 사서의 감정적 노력 또한 점증적으로 요구되고 있다.[8] 셋째, 사회적 인식의 측면이다. 공공도서관 사서들에게 기대되는 전문적인 역할에도 불구하고 그에 대한 현실적인 사회적 인식은

---

6) 조찬식. 2018. 공공도서관 사서의 감정노동이 조직몰입과 직무만족에 미치는 영향. 『한국비블리아학회지』, 29(2): 109-126.

7) Shuler, S. and N. Morgan. 2013. "Emotional Labor in the Academic Library : When Being Friendly Feels like Work." *The Reference Librarian*, 54(2): 118-133.

8) 조찬식. 2018. 앞의 논문.

아직도 미진한 상황이다. 물론 전문직으로서 인식되기 위한 노력은 공공도서관 사서에게 주어진 과제이지만, 공공도서관 사서에게 사회적 위상이나 경제적 보상 등의 측면에서 전문직으로서의 인식이 자리 잡지 못한 사회적 환경은 직업에 대한 긍지와 사명감의 부족으로 이어질 수도 있게 된다.[9] 그러므로 공공도서관 사서는 자신의 업무수행과 도서관서비스 제공의 과정에서 사회적 인식과 자아실현과의 괴리를 느끼게 되며, 이러한 감정의 소모는 공공도서관의 업무에도 영향을 미치게 되는 것이다.[10]

이상과 같은 측면 이외에도 관종에 따라, 규모에 따라, 직위에 따라, 업무에 따라, 성향에 따라 도서관 사서들이 겪는 감정노동에는 차이가 있을 것이다. 그럼에도 방치하게 되면 도서관이라는 조직과 나라는 개인 모두에게 부정적 영향을 끼칠 것이므로, 적절하게 대처할 필요가 있다.

---

9) 조찬식, 조미아. 2011. 『공공도서관의 이해와 분석』. 서울: 에듀콘텐츠.

10) 조찬식. 2018. 앞의 논문.

3. 사서를 위한 마음약방

감정노동으로 인해 지친 마음에 읽을 수 있는 약을 처방해, 사서들이 다시 건강해질 수 있도록 돕는 역할을 할 마음약방은 '독서치료(bibliotherapy)'에 기반을 두고 있다. 독서치료는 읽기 과정을 통한 심리정서 치료 방법으로, 전문 치료사가 제시한 문학작품을 읽으며 동일시와 카타르시스를 거쳐 통찰에 이른 뒤, 깨달은 내용을 내 삶에 알맞게 적용을 하면 비로소 문제가 해결되는 원리를 갖고 있다. 따라서 무엇보다도 치료약의 역할을 할 적정 문학작품을 읽는 것이 매우 중요한데, 다음은 감정노동에 시달리는 사서들에게 권하는 책들이다.

> 1) 감정노동 : 노동은 우리의 감정을 어떻게 상품으로 만드는가
> / 앨리 러셀 혹실드 지음, 이가람 옮김 / 이매진 / 2009

적을 알고 나를 알면 백번 싸워도 위태롭지 않다(知彼知己 百戰不殆)고 했다. 따라서 내가 지금 감정노동을 하고 있으며 그로 인해 또 다른 힘듦을 겪고 있다면, 우선 감정노동이 무엇인지, 감정노동을 어떻게 극복할 수 있을 것인가에 대한 개념

적 이해를 하는 것이 필요하다. 이 책은 그런 맥락에서 선정했고, 결국 가장 먼저 읽어야 할 책이라고 생각한다.

---

2) 삶으로 다시 떠오르기 / 에크하르트 톨레 지음, 류시화 옮김 /
   연금술사 / 2013

오랫동안 조건 지어진 인식과 행위의 주체로서의 '나'인 에고(ego)로부터 자유로워지기 위해 필요한 것은 그것을 알아차리는 것이다. 이 책은 독자들이 지금 이 순간에 존재할 수 있도록, 깨어 있는 고요 속에서 주의를 기울일 수 있도록, 모든 창조물과 모든 생명 형태 안에서 신성한 생명의 본질을 느낄 수 있도록 도와줄 것이다. 그래서 만물 속에 내재해 있는 순수 의식 또는 영을 느낌으로써, 그것을 자기 자신으로서 사랑할 수 있도록 도와줄 것이다.

---

3) 사서의 일 / 양지윤 지음 / 책과이음 / 2021

이 책의 지은이는 사동초등학교 지혜의 집 도서관에서 10년

차 계약직 사서로 일을 하고 있다. 늘 비슷비슷해 보이는 도서관의 미로 같은 서가 사이에는 광막한 우주의 별만큼 무수한 책과 사람과 그들의 이야기가 가득하다. 따라서 작지만 결코 작지 않은 작은도서관에서 가능한 것들을 찾아 도전하고, 흔들리고 주저하는 일상에서도 언제나 '도서관의 진짜 의미'를 되묻는다. 소심하지만 치열하게 조금씩 성장해 나가는 사서 한 사람의 이야기가 담겨 있는 책이기 때문에, 직업적 정체성에 대해 다시 한 번 생각해 보고 참된 자아를 내면화할 수 있도록 도와줄 것 같아 선정했다.

4) 비에도 지지 않고 / 미야자와 겐지 글, 곽수진 그림,
이지은 옮김 / 언제나북스 / 2021

1931년에 발표된 시를 바탕으로 완성된 그림책으로, 시인은 다른 사람들에게 바보라고 불려도, 칭찬에도, 미움에도, 휘둘리지 않는 그런 사람이 되고 싶다고 말한다. 따라서 나를 돌아보고 타인과의 관계 및 함께 살아가기에 대해 생각해 볼 기회를 제공해 줄 것 같아 선정했다.

달보네가 우울하다는 소식을 듣고 찾아온 공룡 마이클, 그러나 자신은 생각이 많을 뿐 우울하지 않다는 달보네에게 함께 춤을 추며 마음에 쌓여 있는 부정적 감정들을 날려버릴 수 있는 기회를 제공한다. 모든 사람은 자신의 부정적 감정을 긍정적으로 바꾸어야 할 책임이 있다. 따라서 이 그림책을 읽으면서 과연 내게 춤과 같은 요소가 무엇인지 생각해 보기를 바라는 마음에 선정한 책이다. 공룡과 같은 조력자가 없더라도 긍정적인 효과를 볼 수 있도록 반드시 실천해 보시기 바란다.

6) 덩어리 / 박슬 글·그림 / 우를루프 / 2021

"내 안에 작은 덩어리가 생겼어요. 떼어도 보고 잘라도 봤지만 소용없었죠. 덩어리는 자꾸자꾸 커져서…." 누구에게나 떼어내고 싶은 덩어리가 있다. 그것은 사람에 따라 짐이라거나 혹은 스트레스 요인이라거나 달리 불린다. 그런데 공통점은 아무리 떼어내려고 해도 사라지지 않는다. 그대로 내 일부가 되어버려 언제 어디에나 있다. 그래서 어떨 때는 없는 척 외면하기도 하지만, 어느새 고개를 내밀며 자신의 존재를 확인시킨다. 분명 또 한 축의 내 모습인 덩어리, 그것을 인정하고 함께 성장해 나간다면 점점 작아질 것이라는 의미를 알려주는 그림책이다.

7) 행복한 세세 씨 / 김수완 글, 김수빈 그림 / 옐로스톤 / 2021

자신이 좋아하던 꿈을 찾아 아이스크림 공장에 취직한 세세 씨, 그런데 정작 그 안에서 행복은 찾을 수 없고 노동과 스트레스에 시달린다. 그러던 어느 날, 늦잠을 자서 허겁지겁 출근을 하던 중 꽉 막힌 도로에서 자신과 똑같은 모습을 한 고양이들을 보고, 두려움에 도망을 치고 만다. 한때 동료였지만 지금은 낚시터를 하고 있는 베동 씨를 찾아가, 여유롭게 낚시를 하며 마음을 비워낸 세세 씨, 그는 다시 행복해지기로 결심한다. 이 그림책 속 주인공은 많은 직장인들의 모습과 닮았다. 그래서 읽는 것만으로도 동일시와 카타르시스, 나아가 내가 원하는 행복한 삶에 대한 통찰까지 얻을 수 있을 것 같아 선정했다.

대부분의 사람들은 하루 중 2시간 정도는 출퇴근을 위해 오가느라, 8시간 정도는 일을 하느라 쓴다. 또한 그 밖의 시간들은 잠을 자거나 휴식을 취하느라, 친구를 만나거나 가족들과 시간을 보내느라, 자기 계발을 하는 데에도 쓸 것이다. 따라서 계속 무엇인가를 하고 있기 때문에 여전히 일을 하고 있다는 느낌을 가질 수 있는데, 이때 극심한 감정노동으로 인해 일이 힘들다 여겨지면 삶 또한 즐겁지 않을 것이다. 부디 사서로서의 나는 도서관으로 출근하는 것이, 맡은 일을 하는 것이, 이용자들을 만나는 것이 항상 설레고, 그래서 일상도 행복하기만을 바란다.

사서를 위한 마음 약방

■

두 번째
처방전

내 감정 살피기

1. 알다가도 모르겠는 내 감정

'열 길 물속은 알아도 한 길 사람 속은 모른다.'는 속담이 있다. 이 속담은 비록 한 길(한 사람의 키 높이)밖에 안 되는 사람의 속이지만, 그가 어떤 생각을 하고 어떤 감정을 품고 있는지 알기 어렵다는 의미이다. 따라서 사람과의 관계 시 여러 측면들을 고려하라는 당부가 담긴 말이라고 생각되는데, 사실 대부분의 사람들은 내 속도 정확히 모르고(아니면 확실히 표현하지 않고) 살아간다. 일례로 만약 여러분이 누군가로부터 "지금 기분이 어떠세요?"라는 질문을 받았다고 가정해 보자. 뭐라고 답변을 할 것인가? 놀랍게도 많은 한국 사람들은 "기쁜 것 같아요, 슬픈 것 같아요, 우울한 것 같아요."라고 대답을 한다. 즉, 자신이 현재 느끼고 있는 감정에 대해서 "기뻐요, 슬퍼요, 우울해요."라고 답하는 것이 아니라, 어떤 불확실한 것을 추측하여 하는 말인 '같다'를 붙여서 자신 또한 그런 감정일 거라고 추측을 하고 있다는 것이다. 국어 표현에서 확실한 사실의 경우 '같다'를 사용하는 것은 바르지 않기 때문에, 결과적으로 자신의 감정이 확실히 그런 상태임을 알고 있는(혹은 확실히 표현할 수 있는) 사람이 적기 때문에 이런 현상이 발생하는 것이라고 할 수 있다. 따라서 대부분의 사람들이 자신의 감정 상태에 대해 명확하게 모르고 살기 때문에 나 또한 그래도 되지만, 심해를 탐험하다 뜻밖의 보물을 발견할 수도 있다는 희망으로 내 감정을 살펴본다면 분명 도움 되는 측면이 있을 것이다.

2. 핵심 감정에 대한 이해

인간은 이성적인 동시에 감정적인 동물이다. 그러므로 인간에 관한 연구를 할 때 이성적인 측면뿐만 아니라 감정적인 측면도 함께 고려해야 한다. 그러나 과거 감정에 대한 내용은 인지에 비해 소홀하게 다루어져 왔으며, 인지혁명이 일어난 지 20년이 지난 1980년대에 들어와 비로소 감정에 대한 관심이 증가하기 시작하였다. 대부분의 심리학자들이 동의하는 감정에 대한 일반적인 관점은, 감정은 자신의 중요한 욕구(needs)나 목표(goals)와 관련된 사건을 자기 자신에게 그리고 다른 사람에게 커뮤니케이션한다는 것이다.[11]

　인간의 심리적 문제의 원인에 대해 다양한 접근이 있으나, 현재 국내의 많은 심리치료전문가들이 활용하고 있는 한국적 정신치료 접근인 도 정신치료(Tao psychotherapy)[12]에서는 인간의 심리적 고통을 가져오는데 가장 핵심적으로 작용하는 원인을 0-6세 사이에 형성되는 아동기 감정 양식 속에 핵심적 작용을 하고 있는 핵심 감정(Nuclear Feelings) 때문이라고 주장하고 있다. 아동기 감정 양식인 핵심 감정은 아동과 그에게 가장 중요한 대상들과의 정서적 상호작용의 결과로써 대체로 0-6세 사이에 형성된다. 예를 들면, 배척받은 아이는 커

---

11) Plutchik, Robert. 2003. *Emotions and life : Perspectives from psychology, biology, and evolution*. American Psychological Association.

12) 이동식. 2008. 『도정신치료입문』. 서울: 한강수.

서 아무리 옆에서 헌신적으로 대해줘도 늘 배척받는다며 분노를 계속 느낀다. 또 힘이 센 형이나 아버지, 어머니로부터 괴롭힘을 당한 남자는 권위에 대한 공포와 증오의 패턴을 형성하고 이것을 일생 동안 반복한다. 따라서 배척, 박탈, 과잉보호, 죄의식과 수치심을 유발하는 정신적 대우나 신체적 위협, 학대 또는 태만이나 과잉 충족 등에 의한 이런저런 잘못된 취급을 특히 6세 이전에 경험하였을 경우, 아이의 약한 자아(ego)는 이것을 이해하거나 말로 표현할 수 없을뿐더러 이를 해결하고 벗어날 수 없게 된다. 따라서 이런 신경증적인 정서적 힘의 상호작용 패턴은 일생 동안 어느 정도 지속된다. 자라나는 유기체는 임신되는 순간부터 환경과 상호작용한다. 출생 시에 이미 생득적으로 본능적 충동과 반응을 갖고 태어나는 아이는 자기를 책임지고 자기와 가까운 사람들과 상호작용한다. 이러한 상호작용은 보통 6-7세쯤에 그 기초가 비교적 안정되며, 각 개인에게 특수한 핵심 감정을 형성한다. 최초의 인생 동안 형성되어 타인과 상호작용하는 아동기 핵심 감정은 그 본질에서는 기본적으로 변하지 않은 채 각 개인의 일생 동안 계속된다.[13] 따라서 핵심 감정은 전 생애를 통해 한 사람의 행동과 사고와 정서를 지배하는 중심 감정(central

---

13) 정방자. 1998. 『정신역동적 상담』. 서울: 학지사.

feeling)이며, 무의식의 가장 밑바닥에 있는 감정으로 매 순간
마다 작용하고 있으며 인간의 전체적인 삶에 영향을 미치고
있다.[14]

다음에 소개할 내용은 상담을 하면서 핵심감정이 미치는
영향을 실감하게 되었다는 경북대학교 심리학과 허재홍 교수
의 사례로, 심리학 잡지 '내 삶의 심리학 mind' 온라인 사이
트[15]에서 인용한 것이다.

"

1) 20년쯤 아이가 생기지 않는 스트레스로 한 부인이 상담을
   요청한 일이 있었다. 의학 검사상으로는 남편이나 부인 모
   두 이상은 없었다. 부인에 따르면 아이를 가지려고 마음을
   먹었는데 생리가 불순해지면서 아이가 생기지 않았다는
   것이었다. 병원에서는 스트레스를 받지 말라고 하였고, 부
   인은 자신이 받는 스트레스가 남편이 말이 없는 것과 시어

---

14) 동서심리상담연구소. 2004. 『이제는 부모자격증시대』. 서울: 동서심리상담
    연구소.

15) 허재홍. 2019. 핵심감정을 아시나요?. 『내 삶의 심리학 mind』. 출처: https
    ://brunch.co.kr/@mind/43

머니가 간섭하는 것 때문이라고 생각하였다. 상담을 받으면서 부인은 남편과 시어머니에게서 왜 스트레스를 받게 되었는지 알게 되었고, 아이를 가지려 했을 때 왜 생리가 불순하게 되었는지 알게 되었다. 이후 생리는 다시 정상으로 돌아왔고 아이가 생겨 상담을 종결하였다.

이 부인은 농촌에서 여러 형제 중 막내로 태어났다. 부모는 농사일로 바빠서 부인에게 관심을 쏟을 수가 없었고, 부인이 부모의 관심을 받는 유일한 길은 애교를 부리거나 집안일을 해놓는 것이었다. 이럴 때는 부모가 칭찬을 해주면서 좋아했다고 한다. 부인이 기억하는 초기 기억은 어머니가 밭일을 하고 자신은 혼자 놀았던 기억인데, 이때 느낀 느낌은 어머니를 잃어버리면 어떡하나 하는 불안이었다. 또 친정 집안 분위기는 같이 놀러가거나 하는 그런 일은 거의 없었고, 각자 알아서 하고 간섭을 하지 않는 것이었다.

이에 반해 시댁은 일주일에 한 번은 모여서 같이 밥을 해먹는 분위기였고, 시어머니가 자식들에게 먹을 것이든 뭐든 해주는 것을 좋아하셨다. 이 때문에 부인은 거의 말이 없는 남편과 해주려는 시어머니가 스트레스였다. 상담을 받으면서 부인은 남편의 성장사를 이해하면서 남편이 왜 말이 없어지게 되었는지 이해하게 되었고, 남편에게 맞는 대화법을 터득하여 남편과 대화를 하게 되었다. 또한 친정과 시댁의 집안 분위기 차이를 이해하면서 시어머니의 행동을 이해하게 되었고, 시어머니와 대화하면서 융통성 있게 해결하여 시어머니와의 사이도 편해지게 되었다.

또 깨닫게 된 것은 의식 수준에서는 남편과 시어머니가 아이를 원하니까 아이를 가져야겠다고 생각했지만, 무의식에서는 남편과 시어머니에 대해 화가 나 있어서 아이를 가지고 싶지 않다는 마음이 있었다는 것이었다. 이렇게 자신의 마음을 깨닫고 나니 아이 갖는 갈등이 없어지게 되었고, 생리가 정상으로 돌아오게 되었다. 이후 들은 바로는 아이 낳고 행복한 결혼 생활을 하고 있다고 한다.

"

2) 한 학생이 가슴팍이 결리고 심장이 심하게 뛰는 것을 호소하면서 상담을 신청한 일이 있다. 이 증상은 이 학생이 열심히 공부하려고 하는 가운데 나타난 것이어서, 이 학생을 상당히 힘들게 했다. 상담을 진행해 본 결과, 증상을 일으

킨 근본 원인은 '밀쳐진다'는 느낌이었다. 그 학생은 이 느낌으로 인해 밀쳐지지 않으려고 뭐든지 완벽하게 하려고 하였다고 한다.

대학에 들어온 이후 자신이 세운 목표만큼 달성했을 때는 큰 문제가 없었으나, 목표를 달성하지 못할 것 같을 때 이런 증상이 나타나곤 한 것이었다. 상담을 해나가면서 자기 문제를 깨닫고 목표를 현실적으로 잡고 감정도 처리해 나갔다. 그러자 증상도 없어지고 그 학기에 장학금도 받았다. 군대도 장교로 가게 되었다.

"

3) 마지막으로, 핵심 감정이 선수들의 슬럼프에 영향을 미친 사례를 소개한다. 한 선수는 연습을 과다하게 하여 슬럼프에 빠졌다. 이 선수는 운동이 무리가 된다는 것을 느끼면서도 지도자에게 말을 하지 못했다. 원인을 살펴보니 어린 시절 초등학교 들어가기 전 몇 년간 외가에 살았는데, 거기에 살 때는 자기가 하고 싶은 대로 하며 살았다.

그런데 부모가 있는 본가로 오면서 환경이 완전히 달라

졌다. 게다가 부모가 바빠서 이 학생의 말을 들어주지 못했다. 이때부터 그는 자기 생각을 말도 못하고 혼자서 처리하려는 행동 패턴이 생겼던 것이다. 그렇게 때문에 훈련 과정에서도 자신의 생각을 지도자에게 제대로 얘기하지 못한 것이다. 상담을 하면서 자신이 왜 그렇게 무리를 했었는지 깨닫게 되었다. 그러면서 지도자와 대화도 하고 자신에 맞게 훈련을 조정하게 되면서 차츰 슬럼프를 벗어날 수 있었다.

3. 감정, 정서, 정동, 기분의 차이

대부분의 심리학자들이 동의하는 감정에 대한 일반적인 관점은, 감정은 자신의 중요한 욕구(needs)나 목표(goals)와 관련된 사건을 자기 자신에게 그리고 다른 사람에게 커뮤니케이션한다는 것이다.[16] 즉, 내가 특정 상황에서 어떤 감정을 느낀다는 것은 자신의 중요한 욕구나 목표와 관련되어 있다는 것이다. 일례로, 약속 시간에 늦은 친구를 보며 '짜증'이 난다는 것은 존중받고 싶은 자신의 욕구에 기인한다는 것이다. 다음

---

16) Reev, John Marshall. 2003. *Motivation y Emotion*. Mexico: McGrawhill.

은 국어는 물론이고 영어에서도 구분이 명확하지 않고 학자들에 따라서 이견도 있는, '감정'과 '정서', '정동'이라는 단어의 의미를 간략히 정리한 내용이다.

정신분석학은 '감정(feelings)', '정서(emotions)', '정동(affects)' 사이에 있는 다양한 차이들을 구별해왔다. '감정'은 중추신경에서 주관적으로 경험되는 상태(이것은 의식에서 차단될 수도 있다)를 말한다. '정서'는 외부에서 관찰할 수 있게 드러나는 감정을 말하며, '정동'은 이것과 관련된 모든 현상을 말하는데 그중에 어떤 것은 무의식적이다. 하지만 이 용어들은 종종 상호적으로 사용되어 원초적인 심리 상태에서부터 복잡하고 인지적으로 분화된 심리 상태에 이르기까지 넓은 범위를 포함한다. 그런가 하면 '기분(mood)'은 비교적 안정적이고 오래 지속되는 '정동' 상태로서, 지속적인 무의식적 환상에 의해 일깨워지고 지속되는 상태를 가리킨다.[17]

결국 '감정'과 '정서', '정동'과 '기분'의 차이는 그것을 불러일으킨 대상이 있느냐 없느냐, 강도가 순한가 혹은 강한가,

---

17) 미국정신의학회 지음, 이재훈 외 옮김. 2002. 『정신분석용어사전』. 서울: 한국심리치료연구소.

그 상태가 얼마나 오래 지속되느냐에 따라 나뉜다고 정리할 수 있다. 그러나 다시 한 번 말하지만 이 구분이 항상 명확하게 이루어질 수가 없다. 따라서 그것이 무엇이든 나와 상대방에게 부정적 영향을 미치고 있다면, 적절히 해소할 수 있는 방안을 빨리 찾는 것이 더 중요하다.

4. 사서를 위한 마음약방

다음에 소개하는 책들은 내 감정을 살피는 데 도움이 되어줄 것이다. 그러므로 사탕을 입안에 넣고 이리저리 굴려가며 오랜 시간 동안 단맛을 음미하듯 찬찬히 읽어보실 것을 권한다.

1) 감정의 성장 : 핵심감정에 공감할 때 우리는 성장한다 /
김녹두 지음 / 위고 / 2015

정신과 전문의로 20여 년 동안 많은 환자들을 만나왔다는 저자는, 감정이 우리의 삶을 이끌어가는 주된 추동력이라고 말한다. 따라서 잘못된 혹은 미성숙한 행동과 생각의 원인이라고 할 수 있는 감정이 해소되지 않은 채로 지속되면, 아무리 좋은 생각과 행동을 하려고 해도 뜻대로 되지 않는다고 한다. 이에 이 책에서는 마음이 보내는 감정과 욕망의 신호를 잘 알아차려서 자신이나 타인에게 해롭지 않고 건강하게 처리할 수 있는 방법을 알려준다.

2) 강신주의 감정 수업 : 스피노자와 함께 배우는 인간의 48가지
얼굴 / 강신주 지음 / 민음사 / 2013

한마디로 나도 내가 누구인지 모르겠다는 느낌, 혹은 나 자신을 믿지 못할 것 같다는 느낌이 바로 당황이라는 감정의 정체다. 그러니까 당황의 감정은 라캉의 표현을 빌리자면 "이런 사람일 거야."라고 생각했던 나와 실제로 살아서 욕망하는 나 사이의 간극을 확인할 때 발생한다. 어쩌면 당황의 감정에 빠진 사람은 행운이라고 할 수 있다. 당황의 감정을 통해 우리는 진정한 자신, 혹은 자기의 맨얼굴을 찾을 수 있을 테니 말이다. 그러니까 가면의 욕망과 맨얼굴의 욕망이 우리 내면에서 격렬하게 충돌한다면, 당황의 감정에 사로잡힌 것이다.

-158쪽

자아를 잃고 방황하는 현대인에게 지금 가장 시급한 문제는 바로 자기 감정을 회복하는 일이라는 철학자 강신주의 주장이 담긴 책이다. 그는 위대한 심리학자와도 같았던 네덜란드 출신의 철학자 스피노자로부터 가져온 48개의 감정과 고전문학 48편, 명화들을 적절히 엮어, 예들은 타인과 내 감정을 살펴볼 수 있는 장을 펼쳐준다.

3) 마음챙김의 시 / 류시화 엮음 / 수오서재 / 2020

살아온 날들이 살아갈 날들에게 묻는다. "너는 마음챙김의 삶을 살고 있는가, 마음놓침의 시간을 보내고 있는가?" 마음챙김을 돕는 시들이 빼곡하게 담겨 있는 잠언 시집이다. 그중 한 편을 옮겨본다.

그녀는 내려놓았다

새파이어 로즈

그녀는 두려움을 내려놓았다.

판단을 내려놓았다.

머리 주위에 무리 지어 모여드는 선택들의 합류 지점을 내려놓았다.

자신 안의 망설임 위원회를 내려놓았다.

모든 옳아 보이는 이유들을 내려놓았다.

전적으로 그리고 완전히,

머뭇거림 없이, 걱정 없이 내려놓았다.

4) 빈 칸 / 홍지혜 글·그림 / 고래뱃속 / 2021

자신만의 커다란 박물관에 진귀한 보물들을 모으는 수집가가 있다. 박물관 안에는 수집가가 그동안 열심히 모은 온 세상의 신비로운 것들이 가득하지만, 수집가의 눈에는 빈칸이 더 눈에 띌 뿐이다. 그러던 어느 날 세상 어디에도 없는 아름다운 보물을 가진 사람이 있다는 소문을 듣고 찾아간 수집가는, 결국 그에게 돈과 회사, 집과 가족까지 모두 넘긴다. 그렇다면 이렇게 중요한 것들을 넘겨주는 대신 수집가가 받은 것은 무엇일까? 심리적 허기는 결코 물질로 채울 수 없다는 이치와, 이 세상에서 가장 소중한 것은 자기 자신이라는 점을 일깨워 주는 그림책이다.

5) 마음먹기 / 엄지짱꽁냥소(자현·차영경) 지음 / 달그림 / 2020

완전식품이라 불리는 달걀은 여러 요리를 통해 다양한 모습으로 변신을 한다. 이는 마치 내 감정과도 같아서 어떤 날은 달걀 프라이처럼 휙 뒤집히고, 또 다른 날은 마음을 들들 볶으면서 가만두질 않는다. 그러다 또 어떤 날에는 무침요리를 하듯이 이리저리 뒤섞기도 해서 나를 지치고 힘들게 만든다. 이 그림책은 흔하게 볼 수 있는 달걀을 소재로 감정의 여러 면들을 표현해 주면서, 특히 부정적인 감정을 느꼈을 때 너무 자책이나 걱정을 하는 대신 본인 스스로 다독이며 마음을 추스르라고 말해준다.

'질량 총량의 법칙'이라는 것이 있다는 말을 들었다. 이 법칙에 대입하면 모든 사람들이 기쁨이나 슬픔(혹은 행운이나 불행)을 겪는 양이 비슷하다고 한다. 따라서 일희일비(一喜一悲)할 필요가 없으며, 인생사 새옹지마(塞翁之馬)라고 생각하라고 한다. 이 그림책도 독자들에게 비슷한 메시지를 전해주고 있는데, 비록 지금은 슬퍼서 눈물을 흘리지만 이는 성장의 결실을 얻기 위한 통과의례일 뿐이라는 희망을 준다. 따라서 부정적 감정에 휩싸여 쉽게 헤어 나오지 못하는 분들을 위해 선정한 그림책이다.

정원을 가꾸듯 내 마음도 가꾸어야 한다는, 스스로 가꿀 수 있다는 이야기를 해주는 그림책이다. 왜냐하면 내 마음의 문은 나만 열 수 있기 때문에, 그 문을 열고 들어가야 내 마음의 상태를 알고, 필요한 작업을 거쳐 비로소 아름답게 가꿀 수 있기 때문이다.

'두려움'이라는 감정이 갖고 있는 가장 큰 단점은 자신이 갖고 있는 역량을 충분히 발휘할 수 없게 하는 것이다. 따라서 그것을 극복하는 것이야말로 나를 조금 더 성장시킬 수 있는 노력이다. 그러나 생각대로 쉽게 해결이 될 수는 없다.

이 그림책은 항상 두려움과 맞서는 다이빙 선수들이 주인공이다. 과연 그들은 왜 뛰어내리는 것일까? 그들은 두려움을 어떻게 극복하는 것일까? 그 비밀을 알기 위해서는 우리도 함께 뛰어내려야 한다. 물속보다 깊고 넓은 사회 속으로, 풍덩!

의도적이든 그렇지 않았든 사람들은 서로에게 상처를 주기도 하고 받기도 하며 살아간다. 따라서 그런 상황을 겪지 않는 것이 가장 좋겠지만, 특히 상대방은 전혀 모르고 있는데 나만 상처를 받았다면 그 마음을 회복하기 위한 노력을 해야 한다. 이 그림책은 '마음챙김'이라는 이론을 바탕으로 그 방법을 알려주고 있어, 실천하면서 내면의 힘을 키우시라는 측면에서 선정해 보았다.

생각의 고리 찾기

1. 꼬리에 꼬리를 무는 생각

생각의 늪에 빠지는 순간이 있다. 멈추고 싶지만 오히려 더 많은 생각으로 이어져 결국 불면의 밤을 보내는 상황. 평소 생각이 많은 사람들은 그런 일을 자주 겪을 것이고 그렇지 않은 이들도 가끔은 그럴 때가 있을 것이다. 그도 그럴 것이 사람은 한 시간에 2천 가지, 하루에 5만 가지 이상의 생각을 할 수 있다고 한다. 또한 그 가운데 4만 9천 가지는 부정적인 측면에 대한 것이라고 하니, 계속 그 상태에 머물러 있다면 문제는 해결하지 못한 채 스트레스와 불안, 공포감까지 더해져 더 힘든 상황에 당면할 것이다. 따라서 여러 생각들을 단순하게 정리한 뒤 합리적이면서도 효율적인 결단을 내리는 것이 필요하다. 즉, 어떨 때는 마음이 이끄는 대로, 또 어떨 때는 몸이 가는 대로 따라가 보는 것이 더 나은 결과로 이어질 수 있고, 주변 사람들에게 자문을 구하는 것도 현명한 방법일 수 있다. 한 사람의 사고방식과 행동방식은 정서에도 많은 영향일 끼친다. 이에 이번 장에서는 어쩌면 여러분들이 주로 느끼는 정서의 원류일 수도 있는 생각의 고리를 찾아볼 수 있도록 돕는데 초점을 두고자 한다.

2. 너 자신을 알라?

'너 자신을 알라(그리스어: $\gamma\nu\lceil\theta\iota\ \sigma\varepsilon\alpha\upsilon\tau\acute{o}\nu$ 그노티 세아우톤)', 이 말은 그리스의 철학자 소크라테스(socrates)가 남긴 경구로 유명하지만, 실은 그리스인들이 신성하게 생각했던 땅 델포이(Delphoe)에 있는 아폴론(Apollon) 신전에 적힌 말로, 고민거리를 안고 해결 방안을 찾아 신전에 온 사람들에게 내려준 아폴론 신의 조언이라고 한다. 즉, 내가 겪고 있는 문제의 근원은 본인에게 있으니 자신을 알면 자연스럽게 해결될 거라는 점을 깨우쳐 주는 말로, 소크라테스 또한 이 말에 따라 자신을 탐구하여 돌보기 위해 끊임없이 사람들을 만나 질문과 토론을 한 것이라 볼 수 있다. 상담치료를 받으러 오는 사람들 대부분이 '내 문제가 무엇인지', '그 문제가 왜 생겼는지', '그 문제를 어떻게 해결할 수 있는지'를 모른다는 점, 그래서 치료사들은 그들이 깨우칠 수 있도록 돕는다는 면을 생각해 보면, 다시 소크라테스와 그가 사용했던 산파술(産婆術, 혹은 소크라테스식 대화법)과 비슷한 점이 많다는 것을 알 수 있다.

그렇다면 소크라테스는 결국 자신에 대해 100% 알게 되었을까? 물론 그가 석가모니, 예수, 공자와 더불어 4대 성인으로 추앙받는 인물이기 때문에 그래야만 조건이 성립될 것 같지만, 감히 짐작건대 범인(凡人)들보다 자신을 더 많이 알았을 뿐 완벽히 알지는 못했을 것이다. 따라서 일평생 질문과 토론으로 자신을 탐구한 사람도 다 알지 못한 '나'를, 평범한 사람인 우리가 잘 모르는 것은 당연할 수 있다. 그러나 '모른다는 것'이 나를 어려운 상황에 빠지게 만들 수 있기 때문에, 소크라테스가 그랬듯이 우리도 '나는 누구인가?'라는 질문에 대한 답을 찾기 위해 일평생 탐구하는 자세를 가질 필요가 있다. 그렇다면 우선 내가 평소에 자주 하는 생각과 어떤 상황을 겪었을 때 자동적으로 떠오르는 생각들은 무엇인지에 대해 생각해 보자.

3. 생각에 관한 생각

자동적 사고(automatic thoughts)는 자극에 대해 자발적으로 일어나는 것으로서, 검증되지 않은 순간적, 구체적으로 떠오르는 역기능적인 개인의 신념이나 생각[18]을 말한다. 사람들은 어떤 사건에 접하게 되면 대개 자동적으로 어떤 생각이나 영상을 떠올리게 되는데, 이를 자동적 사고라고 한다.[19] Beck과 Emery(1985)에 따르면, 자동적 사고의 과정은 개인의 과거 경험들이 추상화되어 축적된 인지적 구조, 즉 인지 도식(cognitive scheme)에 의해 영향을 받는다고 한다.[20] 인지 도식이 개인의 긍정적인 과거 경험으로 축적된 경우에는 개인이

---

18) 김춘경 외. 2016. 『상담학 사전』. 서울: 학지사.

19) Beck, A. T. 1976. *Cognitive therapy and the emotional disorders*. New York: International University Press.

20) Beck, A. T. & Emery, G. 1985. *Anxiety disorders and phobias: a cognitive perspective*. New York: Basic Books.

심리적 혼란에 빠지지 않을 수 있지만, 부정적인 내용들로 구성되었을 경우 심리적 문제에 매우 취약하게 되기 쉽다. 다시 말하면 부정적 자동적 사고는 인지 도식, 즉 역기능적 신념에서 비롯된다고 하겠다. 이런 역기능적 신념을 토대로 특정한 상황에서 자신이 처한 상황의 위협 정도나 그러한 상황에 대한 자신의 대처 능력 혹은 대처 행동의 결과에 대해 순간적으로 떠오르는 구체적인 생각이나 영상이 부정적 자동적 사고이다.[21]

자동적 사고는 현재는 억압되어 있는 잠재의식이지만 주의를 집중하는 등 조금만 노력하면 기억으로 나타낼 수 있는 전의식(preconscious) 수준에서 일어나는 인지 과정이다. 우울장애나 불안장애를 갖고 있는 사람들은 왜곡된 자동적 사고를 통해 고통스러운 정서적 반응, 역기능적 행동으로 부적응적 상황을 겪는 경우가 훨씬 많지만, 일반인들에게도 종종 발생한다. 또한 때로 자동적 사고는 발생 상황을 정확히 반영한 것일 수도 있다. 따라서 분노와 같이 부정적이면서도 강렬한 감정이 생겼을 때 자동적으로 일어나는 사고들을 적어보는 것은, 내 인지 구조를 파악해 보는 데 도움이 된다.

21) 권정혜. 1993. 인지행동치료의 실제.『한국심리학회 동계연수회 자료집』.

다음의 〈표〉는 1955년에 합리정서행동치료(Rational Emotive Behavior Therapy)를 개발한 미국의 심리학자 앨버트 엘리스(Albert Ellis)의 이론을 바탕으로 개발된 '역기능적 사고의 일일 기록지'이다. 불쾌한 감정을 유발한 사건이 있었을 때의 내용, 그에 따라 유발된 불쾌한 감정과 그 강도, 감정에 선행한 자동적 사고와 확신 정도, 비합리적이었을 자동적 사고에 대한 합리적 반응과 그 확신 정도, 자동적 사고의 확신 정도와 결과적 감정 정도를 차례대로 기록하다 보면 자기 관찰이 가능해지면서 합리적 사고 능력도 향상될 것이다.

〈표〉 역기능적 사고의 일일 기록지[22]

일시	상황	감정	자동적 사고	합리적 반응	결과
	불쾌한 감정을 유발한 실제 사건, 상상, 기억 내용을 기록	불쾌한 감정을 구체적으로 기록. 감정의 강도를 1-100 숫자로 평가	감정에 선행한 자동적 사고를 기록. 사고의 확신 정도를 0-100 숫자로 평가	자동적 사고에 대한 합리적 반응과 그 확신 정도를 0-100 숫자로 평가	자동적 사고의 확신 정도와 결과적 감정 강도를 0-100 숫자로 재평가

작성 방법 : 당신이 불쾌한 감정을 경험했을 때, 그 감정을 유발한 상황을 기록하십시오. (만약 당신이 어떤 생각이나 상상을 하고 있을 때, 그러한 불쾌 감정이 경험되었다면 그 내용을 적으십시오.) 그리고 나서 그 감정과 연관된 자동적 사고를 기록하십시오. 그 사고 내용을 확신하는 정도에 따라 0-100의 숫자(0= '전혀 확신 없다', 100='절대 확신 한다')로 평정하십시오. 감정의 강도 역시 1-100의 숫자(1='매우 미미함', 100='매우 강함')로 평정하십시오.

22) 권석만. 2012. 『현대 심리치료와 상담 이론』. 서울: 학지사.

4. 사서를 위한 마음약방

다음에 소개하는 책들은 생각을 정리하는 데 도움이 될 것이다. 그러므로 엉킨 실타래를 풀 듯 집중해서 한 권씩 읽어 보실 것을 권한다.

1) 나도 모르게 생각한 생각들 / 요시타케 신스케 지음,
   고향옥 옮김 / 온다 / 2020

기발한 발상을 유쾌한 이야기로 풀어내 국내에도 많은 독자를 갖고 있는 작가 요시타케 신스케의 생각들을 모은 그림책이다. 고민도, 걱정도, 두려움도 많은 사람이기 때문에 늘 자신을 격려해 줄 필요가 있다는 작가의 이야기가, 여러분들에게도 도움이 될 것 같아 선정해 봤다. 다음 문장은 본문의 일부를 인용한 것이다.

저는 매사에 걱정이 많은 사람이어서 쉽게 불안해질뿐더러 슬픈 뉴스 같은 것에도 약합니다. 저와 상관없는 일에도 쉽게 침울해지지요. 저도 모르게 좋은 일에도 나쁜 일에도 상상력

이란 걸 발휘해버리는 겁니다. 그러나 그리 살다 보면 사회인으로서 감당하기 힘든 부분도 많이 있으므로 늘 '자신을 격려해 줄' 필요가 있답니다.

- 97~98쪽

> 2) 유리 아이 / 베아트리체 알레마냐 글·그림, 최혜진 옮김 /
> 이마주 / 2021

온몸이 유리인 채로 태어난 아이, 그래서 처음에는 모든 사람들의 사랑을 받는다. 그러나 자신의 생각을 다른 사람들이 훤히 들여다볼 수 있었기 때문에, 조금이라도 나쁜 생각을 하면 비난을 받게 되면서 힘든 상황에 빠진다. 그래서 결국 유리 아이는 자신의 모든 면을 있는 그대로 인정해 줄 수 있는 세상을 찾아 길을 떠나는데…. 길을 떠난 채로 이야기가 끝나기 때문에 결국 유리 아이가 그런 세상을 찾았는지는 알 수 없다. 아마 이런 설정은 각자에게 알맞은 상황을 찾거나 만들어야 하다는 작가의 의도가 아닌가 싶기도 한데, 만약 내게도 부정적인 생각의 고리가 있다면 타인들이 발견하기 전에 먼저 찾아서 해결 방안도 모색하기를 바라는 마음에 선정한 책이다.

부루퉁 아저씨는 아침 여섯 시 반이면 어김없이 생각들을
모으기 위해 낡은 배낭을 메고 길을 나선다. 예쁜 생각, 미운
생각, 즐거운 생각, 조용한 생각, 슬기로운 생각, 어리석은 생
각 등을 모아서 배낭이 불룩해지면, 집으로 돌아와 선반 위에
분류를 한 뒤 두 시간가량 푹 쉴 수 있게 둔다. 그 뒤 생각들이
잘 익은 과일처럼 즙이 많아지면 그것들을 화단에 정성껏 심
어, 꽃으로 피어난 뒤 아주 작은 알갱이가 되어 꿈을 꾸고 있
는 사람들의 머릿속으로 들어가 새로운 생각으로 자라날 수
있게 해준다. 이 과정은 마치 하루 동안 내가 했던 생각들을
떠올려 분류한 뒤, 비합리적인 자동적 사고를 합리적 사고로
바꾸어 심신의 안정을 꾀하는 것의 가치를 독자들에게 말해
주는 것 같아서 추천 도서로 선정했다.

4) 하루 10분 나를 생각해 / 레슬리 마샹 지음, 김지혜 옮김 /
미디어숲 / 2020

이 책은 자아존중감을 향상시키기 위한 마음 챙김 방법으로 질문에 따른 단계적 일기 쓰기를 제안하고 있다. 일기는 매일매일의 일과 경험을 개인적인 느낌이나 사고의 추이에 따라 기록하는 자유로운 산문이지만, 반복적인 일상을 살아내는 성인들이 실천하기 어려운 문종이다. 따라서 저자는 도움이 될 메시지, 영감을 주는 인용문과 함께 질문을 제시해 준다. 따라서 이 책은 역기능적 사고의 일일 기록지를 대체할 수 있을 것 같아 선정했다.

5) 나는 생각이 너무 많아 / 크리스텔 프티콜랭 지음,
이세진 옮김 / 부키 / 2021

프랑스의 심리학자인 작가는 20년간의 임상 경험을 통해 생각이 많은 사람들을 예민한 지각과 명석한 두뇌를 갖고 있는 이들이라고 칭한다. 다만 그것이 고민인 경우를 위해 신경학적인 근거를 기반으로 그들은 보통 사람들과 무엇이 다른

지, 왜 생각이 많을 수밖에 없는지, 어떻게 하면 잘 살아갈 수 있는지에 대해서 말해준다. 그야말로 정신적 과잉 활동으로 힘들어하는 사람들에게 자신을 이해하면서 수용할 수 있도록 도와주는 내용이 담긴 책이다.

6) 습관을 바꾸는 생각의 힘 / 야마사키 히로시 지음,
   한양희 옮김 / 이터 / 2020

이 책은 이미 무의식적으로 형성되어 있는 뇌 속 프로그램을 의식적으로 바꿈으로써, 자신이 원하는 행동 습관을 통해 보다 만족스러운 생활을 해나갈 수 있는 방법을 소개해 준다.

네 번째
처방전

행동 되돌아보기

1. 하나를 보면 열을 안다?

하나를 보면 열을 안다는 말이 있다. 사람들은 저마다 다른 능력을 갖고 있기 때문에, 실제로 어떤 한 면만 보고도 열 가지 이상의 면을 정확하게 알아맞히는 이가 이 세상 어딘가에 존재할 수도 있다. 그러나 이는 대부분 제한된 증거만을 갖고 결론에 도달하는 '성급한 일반화의 오류(fallacy of hasty generalization)'이자 '범주화된 지각의 오류(fallacy of categorical perception)'인 경우들이다. 따라서 하나를 보고도 열을 안다는 것은 매우 비합리적임에도, 정보처리 능력에 한계를 갖고 있는 사람들 대부분이 성급한 일반화와 범주화된 지각을 하고 있다.

일례로 많은 사람들이 큰 의미를 부여하는 '첫인상'에 대해 생각해 보자. 심리학자들의 연구에 의해 밝혀진 바에 따르면 첫인상에 대한 판단이 대략 5초 안에 이루어진다고 한다. 그렇다면 우리는 이 짧은 시간 동안에 좋은 인상을 남기기 위해 어떻게 해야 할까? 과연 정말 그 시간 동안에 상대방을 제대로 파악할 수가 있는 것일까? 혹시 왜곡된 판단으로 인해 좋은 관계가 될 수 있는 사람들을 스스로 밀어내는 것은 아닐까? 누군가를 만나기 전에 이런 생각을 해야 하고, 만나는 중에도 이와 같은 상황을 거쳐야 한다면, 결국 만남 자체가 서로에게 부담이자 스트레스가 될 것만 같다.

자기 계발서의 바이블로 불리는 『성공하는 사람들의 7가지 습관』[23]으로 유명한 기업인 '스티븐 코비(Stephen Richards Covey)'는, 그의 책을 통해서 다음과 같은 말을 했다.

"우리 모두는 선과 악을 행하는 놀라운 힘, 즉 성품을 가지고 있는데, 이것은 소리 없이, 무의식적으로, 안 보이게 삶에 영향력을 행사한다. 그런데 이것은 우리가 가식적으로 꾸며낼

---

23) 스티븐 코비 지음, 김경섭 옮김. 2017. 『성공하는 사람들의 7가지 습관』. 파주: 김영사. p. 29.

수 없다. 이는 자기의 진정한 모습의 일관된 반영일 뿐이다."

이 문장에서 관심을 두어야 할 부분은 '무의식적'과 '자기의 진정한 모습의 일관된 반영'으로, 저자는 '성품'이라는 단어로 압축을 했지만 사실은 선과 악에 대한 행동은 자각할 새도 없이 드러나는 충족되지 못한 욕구의 반영이라고 보는 것이 더 정확하겠다.

그렇다면 나는 어떤 행동양식을 갖고 생활하는 사람일까? 그리고 왜 그런 행동양식을 갖게 되었을까? 2020년 4월 29일 방송된 tvN의 예능 프로그램 「유 퀴즈 온 더 블록」에 소개가 되어 더 널리 알려진 MBTI의 선호지표 중 '행동양식(혹은 생활양식, 이행양식)'을 중심으로 살펴보도록 하자.

2. 나의 행동양식

MBTI(Myers-Briggs Type Indicator)는 C. G. Jung의 심리 유형론을 근거로 하여 Katharine Cook Briggs와 Isabel Briggs Myers가 보다 쉽고 일상생활에 유용하게 활용할 수

있도록 고안한 자기 보고식 성격유형지표이다. 융의 심리유형론은 인간 행동이 그 다양성으로 인해 종잡을 수 없는 것 같이 보여도 사실은 아주 질서정연하고 일관된 경향이 있다는 데에서 출발한다. 그리고 인간 행동의 다양성은 개인이 인식(Perception)하고 판단(Judgement)하는 특징이 다르기 때문이라고 보았다. MBTI는 인식과 판단에 대한 융의 심리적 기능 이론, 그리고 인식과 판단의 방향을 결정짓는 융의 태도 이론을 바탕으로 제작되었다. 또한 개인이 쉽게 응답할 수 있는 자기 보고(self report) 문항을 통해 인식하고 판단할 때 각자가 선호하는 경향을 찾고, 이러한 선호 경향들이 하나하나 또는 여러 개가 합쳐져 인간의 행동에 어떠한 영향을 미치는가를 파악하여 실생활에 응용할 수 있도록 제작된 심리검사이다.[24]

MBTI는 전 세계적으로 가장 많이 활용되고 있는 심리검사라고 할 수 있는데, 그렇다면 '유 퀴즈 온 더 블록'을 진행하고 있는 유재석·조세호 씨는 각각 어떤 유형으로 분류되었을까? 놀랍게도 국민 MC라고 불리면서 많은 인기를 얻고 있는 유재석

---

24) 한국MBTI연구소 홈페이지. [on line]. [cited 2021. 2. 28]. 〈http://www.mbti.co.kr/〉.

씨는 연예인보다는 성인군자가 어울린다는 'ISFP', 조세호 씨는 스파크형이라고 하는 'ENFP'로 분류가 되었다. 따라서 두 사람은 상당한 측면에서 다를 수밖에 없는데, 그중 외부 세계에 대처하는 행동양식은 두 사람 모두 'P'로 같은 결과가 나왔다. MBTI의 네 번째 선호지표인 행동양식은 판단형(Judging)과 인식형(Perceiving)으로 구분되는데, 그 특징은 다음과 같다.

판단형(Judging)	인식형(Perceiving)
· 결정을 내린 후에 가장 만족한다. · 먼저 일하고 나중에 시간이 남으면 논다. · 목표를 정하고 그것을 제때 달성하기 위해 일한다. · 결과를 중시한다. · 임무를 완수하는 것을 강조한다. · 일을 끝내는 것에서 만족감을 얻는다. · 시간을 한정된 자원으로 보고 마감 시간을 진지하게 고려한다. · 조직적이고 구조화된 환경을 선호한다. · 생활과 업무환경이 잘 정돈되어 있다. · 확실한 답이 보이는 상황에서 능력이 극대화된다.	· 선택을 남겨두었을 때 가장 만족한다. · 현재를 즐기고 일은 나중에 마무리한다. · 새로운 정보를 접하면 그때마다 목표를 수정한다. · 과정을 중시한다. · 일이 수행된 방식을 강조한다. · 일을 시작하는 데에서 만족을 얻는다. · 시간을 새롭게 바뀌는 자원으로 보고 마감 시간을 탄력적으로 생각한다. · 개방적이며 유연한 환경을 선호한다. · 정리 좀 하라는 말을 자주 듣는다. · 자신의 가능성을 시험해 볼 수 있는 경험을 즐긴다.
결론적으로 판단형은 분명한 목적과 방향이 있고, 철저히 사전 계획을 통해 기한을 엄수하며 체계적이다.	결론적으로 인식형은 목적과 방향은 변화가 가능하고, 상황에 따라 일정도 달라지며, 자율적이고 융통성이 있다.

다음은 나의 행동양식을 점검해 볼 수 있는 문항으로, 'MBTI 간이 검사지'의 일부를 발췌한 것이다. 정식 검사가 아니기 때문에 결과에 대한 신뢰도 및 타당도가 매우 낮으므로 참고만 하시면 좋겠으며, 실시 및 해석 방법은 다음과 같다. 우선 1번부터 10번까지 항목별로 좌우의 내용을 모두 읽은 뒤 양쪽 중 나와 더 가까운 한 쪽만을 골라 표시를 하면 된다. 이어서 10개 항목에 대한 선택이 끝났다면 J와 P 가운데 더 많은 개수가 표시되어 있는 쪽이 나의 행동양식이라고 결론을 내리면 된다.

	J 유형	표시	P 유형	표시
1	공부나 일을 먼저 하고 논다.		먼저 놀고 난 후에 일을 한다.	
2	쫓기면서 일을 하는 게 싫다.		막판에 몰아서 일을 할 수도 있다.	
3	정리 정돈된 깨끗한 방이 좋다.		방이 어지러워도 상관없다.	
4	사전에 계획을 짜는 편이다.		계획을 짜는 것은 왠지 불편하다.	
5	규칙적인 생활을 하는 편이다.		상황에 따라 유연하게 행동한다.	
6	준비물을 잘 챙기는 편이다.		준비물을 잘 잊어먹는 편이다.	
7	계획에 없던 일이 생기면 짜증 난다.		틀에 박힌 생활은 재미가 없다.	
8	목표가 뚜렷하고 실천을 잘한다.		색다른 것이 좋고 짧은 공상을 한다.	
9	계획적으로 일을 하는 편이다.		그때그때 일을 해치우는 편이다.	
10	남의 지시에 따르는 편이다.		내 마음에 따라 행동하는 편이다.	
☞ 나의 행동양식은? ( )				

자, 어떤 결과를 얻었는가? 내가 알고 있던 나와 일치가 되는가, 아니면 오히려 많은 의문만 남게 됐는가? 10개 모두 어느 한 쪽으로 치우친 사람도 있겠지만, 분명 다른 쪽 유형에도 몇 개쯤은 표시가 되어 있을 것이다. 이는 결과적으로 어느 유형이 우세할 뿐이지 전적으로 그렇지는 않다는 뜻이다. 부디 이 결과가 서로를 조금 더 이해할 수 있는 기반이 되기를 바라며, 나아가 내가 이와 같은 행동양식을 갖게 된 측면에 대해서도 탐구해 보실 것을 권한다.

3. 행동에 대한 책임

모든 행동에는 그에 걸맞은 결과가 따른다. 따라서 그 결과에 대한 책임도 자신이 감당해야 한다. 다음은 앞서 소개한 스티븐 코비의 책에 담긴 책임감과 행동 변화에 대한 내용이다.

"책임감(responsibility)이란 말을 살펴보자. 이것은 당신이 어떻게 반응할지를 선택할 수 있는 능력(response-ability)을 말한다. 매우 주도적인 사람은 이 같은 책임을 인정한다. 이들은 자신이 한 행동에 대해 분위기, 주변 여건, 무슨 영향 때문이라는 등의 핑계를 대지 않는다. 주도적인 사람이 하는 행동은 가치관에 기초를 둔 스스로의 의식적 선택의 결과이지, 기분에 좌우되고 주변 여건에 영향을 받은 결과는 아니다."[25]

"이처럼 우리가 자신이 태도와 행동에 지엽적인 변화만 주는 것을 그만두고, 그 대신 자신의 태도나 행동의 근본 뿌리인 패러다임을 변화시킬 때라야 비로소 획기적 개선을 달성할 수 있다."[26]

4. 사서를 위한 마음약방

다음에 소개하는 책들은 내 행동을 돌아보는 데 도움이 되어줄 것이다. 거울에 비친 내 모습을 꼼꼼하게 살펴보듯이 읽어보실 것을 권한다.

---

25) 스티븐 코비 지음, 김경섭 옮김. 2017. 앞의 책. p. 96.

26) 스티븐 코비 지음, 김경섭 옮김. 2017. 앞의 책. p. 42.

1) 마법의 가면 / 스테판 세르방 글, 일리아 그린 그림,
이경혜 옮김 / 불광출판사 / 2012

사람들은 다양한 욕구를 갖고 있다. 따라서 그 욕구를 이루기 위해 내 마음껏 살고 싶지만, 사회에서 요구하는 덕목, 의무 등에 따라 자신의 본성 위에 페르소나(persona)라고 명명된 가면을 덧씌운다. 왜냐하면 그래야 생활 속에서 자신의 역할을 할 수 있고 주변 세계와 원활한 상호 관계를 맺을 수 있기 때문이다. 이 그림책은 마법의 가면을 쓴 뒤 하고 싶은 대로 마음껏 장난치고 화를 냈다가, 친구 및 부모님과 갈등이 발생해 후회하는 아이가 주인공이다. 다행스럽게도 그 아이는 누나가 보내준 따뜻한 관심 덕분에 일상으로 돌아오게 되는데, 이 과정은 독자로 하여금 행동으로 표출하고 있지 못한 욕구와 현재의 모습을 점검해 보게 한다. 또한 항상 나를 응원 및 격려해 주는 사람의 필요성에 대해서도 말해준다.

2) 에드와르도 세상에서 가장 못된 아이 / 존 버닝햄 지음,
조세현 옮김 / 비룡소 / 2006

평범한 아이인 에드와르도는 어른들의 판단이 섞인 말 때

문에 점차 못된 아이가 되었다가 다시 착한 아이로 되돌아온다. 이 그림책은 말 한 마디가 다른 사람에게 어떤 영향을 끼칠 수 있는지를 보여주면서, 독자들로 하여금 평소 자신의 행동을 점검해 볼 수 있게 한다.

> 3) 그림자 / 한스 크리스티안 안데르센 글, 고정순 그림,
> 배수아 옮김, 김지은 해설 / 길벗어린이 / 2021

"모든 사람에게는 어둡고 피하고만 싶은 '그림자'가 존재합니다. 밝고 빛이 나는 부분이 있다면, 그 이면에는 반드시 어두운 부분이 있습니다. 그림자를 피하기만 한다면 진정으로 성장하고 성숙할 기회를 잃어버리게 될 것입니다."

- 작가 무라카미 하루키 2016 안데르센 문학상 수상 소감 중에서

나조차도 외면하며 깊숙이 숨겨 두었던 또 다른 나의 모습을 마주하는 것은 큰 고통일 수 있다. 왜냐하면 이 책 속의 주인공인 학자처럼 중심을 잃고 비틀거리다가 결국엔 그림자에게 지배당할지도 모르기 때문이다. 그럼에도 그 또한 내 모습 중 일부이기 때문에 진정한 나를 찾기 위해서는 외면할 수도,

외면해서도 안 된다.

4) 기분이 태도가 되지 않게 / 레몬 심리 지음, 박영란 옮김 /
갤리온 / 2020

기분이 안 좋을 때 그것을 적절히 통제하지 못한 채 행동으로 드러내 결국 손해를 보는 사람들이 있다. 그런 상황을 이 책에서는 '어리석은 사람은 기분을 드러내고, 현명한 사람은 기분을 감춘다!'라고 표현하면서, 좋은 태도를 보여주고 싶고 소중한 사람에게 상처 주고 싶지 않다면 알맞은 태도를 선택하라고 제안한다. 나아가 감정 관리를 배워야만 기분을 다스릴 수 있다고 말하면서, 감정의 근원을 찾아 부정적 측면을 해소할 수 있도록 도와준다.

5) 만 가지 행동 / 김형경 지음 / 사람풍경 / 2012

작가 자신이 경험했던 정신분석 상담을 바탕으로 쓴 심리 치유 에세이로, 내면 통찰을 자기화하는 '훈습(working-though)'

의 과정을 담고 있는 책이다. 훈습은 유식 불교(唯識佛敎)에서 따온 용어로 '정신분석 과정을 철저히 이행하는 작업'을 우리말로 번역한 것이다. 즉, 훈련 과정을 통해 심리적 고통을 줄이고 절제력, 정의감, 용기 같은 가치를 위해 책임감을 발달시킬 수 있는 방법이다. 따라서 작가의 경험을 따라가다 보면 더욱 풍성한 인격으로 살아갈 수 있는 힘을 발견할 수 있을 것이다.

> 6) 무의식을 지배하는 사람 무의식에 지배당하는 사람 /
> 구스도 후토시 지음, 김해용 옮김 / 동양북스 / 2017

사람은 인지와 정서, 행동의 결합체라고 한다. 즉, 이 세 요소는 연결되어 있기 때문에 서로에게 영향을 미친다는 것이다. 그럼에도 우리는 생각과 다르게 말을 하거나 마음먹은 것과는 반대로 행동을 할 때가 있다. 이와 같은 실수는 내 무의식을 의식하지 않았기 때문에 생긴 결과라고 하는데, 따라서 저자는 이 책을 통해 무의식을 의식화하여 활용할 것을 제안하면서 그 방법을 구체적으로 알려준다. 특히 삶에 대한 불안과 걱정이 많고, 자신감도 부족한 상황이라면 무의식 속에 숨어 있는 다양한 가능성을 발견해 보자.

■

다섯 번째
처방전

도서관과의 상호작용

1. 환경과 인간의 상호작용

환경은 인간이나 동식물 따위의 생존이나 생활에 영향을
미치는 자연적 조건이나 상태를 일컫는 말로, 인간을 중심에
두었을 때 그들을 둘러싸고 있는 모든 것들이라고 할 수 있
다. 이와 같은 환경은 크게 지구상의 생물과 무생물들로 구성
된 자연환경 및 인공적으로 조성된 사회 환경으로 구분할 수
있으며, 모든 인간들은 그 안에서 상호작용을 하며 살아가야
한다. 왜냐하면 모든 사람은 태어나는 순간부터 어떤 환경에
놓이기 때문이다.

그런데 어떤 사람들은 개인 자체는 환경의 구성 요소에서 제외된다고 생각한다. 그러나 우리 인류도 환경의 한 부분으로써 결코 환경에서 벗어난 객체가 아니다. 인간 생태계는 인간과 환경 조건으로 이루어진 생태계다. 그럼에도 인간 생태계가 다른 계통의 생태계보다 더 복잡하고 특이한 점은, 인간이 이 체계의 한 구성 분자에 지나지 않으면서도 지성적 활동에 의하여 구조를 직접 변화시킬 수 있다는 점이다. 왜냐하면 인간 생태계는 본질적으로 자율 상생 능력과 조절 기능이 있기 때문이다.[27]

환경의 영향이 인간에게 가해지고, 다른 한편으로는 인간의 영향이 환경에 가해지는 상호작용은 물리적 표면을 통해서 인간의 사회적 행동을 조절하는 역할을 하고 있다. 그런데 인간은 환경과의 관계에서 일방적이거나 피동적으로 관계하는 것이 아니라 스스로 주위 환경을 선택하고 수정하면서 능동적으로 노력하고 모색하는 유기적 존재이다. 그러므로 인간이 어떻게 환경에 적응하며 그 속에서 삶을 영위해 나가느냐도 문제이지만 환경의 창조 문제가 더 중요하다.[28]

27) 전금자. 1984. 환경과 인간의 상호작용. 『환경정보』, 6(22): 15-17.
28) 육현일. 2000. 『환경 심리학적 측면에서의 공동주택 주거환경계획에 관한

이와 같은 맥락을 사회복지학에서는 '환경 속의 인간(person in environment)'이라는 관점으로 정리해 설명하고 있는데, 이는 인간을 이해하기 위해 심리 내적인 특성만이 아니라 환경 혹은 상황까지 생태 체계적인 관점에서 통합적으로 바라보기 위함이라고 할 수 있다. 또한 개인과 환경 간의 상호작용 증진을 통해서 모든 사회 구성원들의 삶의 질을 향상시키기 위해서는, 결국 각 개인이 갖고 있는 능력과 기능 및 여러 환경에 대한 점검과 개선이 필요하다는 것을 강조하는 측면이라고도 할 수 있다.

결론적으로 인간과 환경은 보완적이며 유기적인 상관관계를 맺고 있다고 할 수 있다. 따라서 인간들이 환경을 개척하기도 하고 반대로 환경이 인간들에게 영향을 끼칠 수도 있다.

2. 환경 심리

'레이니어 효과(Rainier effect)'라는 말이 있다. 이 말은 미국 시애틀에 있는 워싱턴대학교에서 발생했던 분쟁을 통해 만들

연구」. 석사학위논문. 수원대학교 대학원 건축공학과. p. 7.

어진 것으로, 우수한 직원들을 붙잡기 위해서는 높은 임금 못지 않게 중요한 것이 환경이라는 점을 알려주는 대표적 사례이다.

워싱턴대학교는 북태평양 동쪽 기슭에 있는 시애틀에 있는데, 워싱턴 호수 등 크고 작은 수역이 옹기종기 널려 있다. 특히 시애틀 남쪽에 있는 레이니어 산은 날씨가 화창할 때 학교에서 직접 산 위의 눈 덮인 능선과 흰 구름을 볼 수 있어 보고 있으면 시간 가는 줄 몰랐다. 그런데 어느 날, 학교 측은 1년 동안 워싱턴 호숫가에 체육관을 짓기로 결정했다. 본래 이 일은 좋은 일이었지만 생각지도 못하게 교수들의 반발에 부딪히고 말았다. 교직원 식당과 레이니어 산 사이에 체육관이 생기면 교직원들이 창밖의 호수와 산이 어우러진 경치를 감상하는데 방해가 되기 때문이다. 교직원들의 저항은 매우 단호했다. 심지어 체육관이 세워지면 주저하지 않고 학교를 그만둘 것이라 주장했다. 이때 학교 측은 당시 미국의 평균 임금 수준과 비교했을 때 워싱턴대학교의 교수들 임금이 20% 정도 낮다는 사실을 발견했다. 많은 교수가 다른 대학을 포기하고 워싱턴대학교에서 낮은 임금을 받고 일하는 데는 순전히 주변의 아름다운 풍경을 떠나지 못했기 때문이었다. 그런데 지금 학교 측이 이 아름다운 풍경을 망치려고 하니 자연스레

교수들은 이직을 무기 삼아 학교를 압박한 것이다. 그 결과, 학교 측은 체육관의 입지를 변경했고 교수들은 자신들의 뜻을 이룰 수 있었다. 워싱턴대학교 교수들의 임금 중 80%는 돈으로 지급되었고 20%는 아름다운 주위 풍경으로 지급되었다고 말할 수 있다. 이번 분쟁 후, 워싱턴대학교 교수들은 이러한 심리 상태를 레이니어 효과라고 부르기 시작했다.[29]

인간의 심리는 주변 환경에 따라 많은 영향을 받는다. 따라서 사람들은 어떤 환경에 처해 있을 때 가능한 그것을 통제하는 주체가 되어 원하지 않는 심리 상태에 빠지지 않으려고 한다. 워싱턴대학교의 교수들 역시 레이니어 산을 계속 보면서 행복감을 느끼고 싶었기 때문에 이직을 감수하고 학교에 맞선 것이다.

이와 같이 환경심리학에서는 전통적으로 인간과 환경과의 관계를 다루는 데 있어 인간의 행동과 감정이 물리적 환경으로부터 어떤 영향을 어떻게 받는가에 대해 초점을 두고 많은 연구를 하였다. 문헌정보학계에서도 1970년대부터 대학도서관 열람실 사용자에 대한 환경심리학적 고찰 연구 등이 시작되었으며, 현재에는 도서관 건축 및 실내 공간 계획 시에도 인

---

29) 장원청 지음, 김혜림 옮김. 2021. 『심리학을 만나 행복해졌다』. 서울: 미디어숲.

간의 발달과 환경심리학적 측면이 고려되고 있는 상황이다. 이는 곧 사서들의 직무 환경에 대한 만족도와 이용자들의 심리적 만족도를 동시에 높이기 위한 선택이기 때문에 바람직한 과정이라고 할 수 있다. 그렇다면 사서들은 직무 공간인 도서관과의 긍정적인 상호작용을 위해 어떤 노력을 해야 할까?

3. 적정 환경 조성

도서관의 직무 환경이 아무리 훌륭해도 사서 개인의 정신적 환경이 열악하다면 직무 만족도는 낮아질 수 있다. 또한 직무 환경이 열악하다면 일에 대한 의욕이 떨어지면서 점차 심리적 소진을 초래할 수도 있다. 이에 적정 환경 조성을 통한 긍정적 상호작용 방안은 사서 개인의 정신적 환경과 도서관이라는 물리적 환경 양면을 고려해 간략히 제안해 보고자 하니, 각자의 측면에서 생각을 더해보기 바란다.

1) 사서의 정신적 환경

도서관은 이용자들을 위해 다양한 서비스를 제공하는 곳이다. 따라서 사서들은 최상의 서비스 제공을 위해 많은 노력을 기울이는데, 그럼에도 다양한 이용자들로 인해 갈등을 겪어 스트레스 상황에 빠질 수 있다. 따라서 정신적 어려움을 최소로 느끼거나 빠른 시간 내 적절히 해결하여 회복하기 위한 에너지인 자아력(ego strengths)을 갖출 필요가 있다. 만약 자아력이 낮다면 우선적으로 자아존중감(self-esteem)을 회복시켜 주는 것이 좋다. 이때 특히 사서들에게 필요한 자아존중감은 직무적 자아존중감으로, 즉 어떤 상황의 어떤 업무든 잘 처리할 수 있다는 믿음을 뜻한다.

2) 도서관이라는 물리적 환경

최근에는 도서관 설계 단계에서부터 사서 및 이용자들의 환경심리학적 측면이 고려된다고는 하지만, 그럼에도 사서들은 언제 어떤 방식으로 요구를 해올지 모르는 수많은 이용자들에게 지속적으로 노출이 된 채로 근무를 할 수밖에 없는 직무적 특성을 갖고 있다. 따라서 특히 자료실에 근무하고 있는 사서들에게는 일정 시간 동안이라도 심신의 안정을 꾀할 수 있는 사적인 공간과 시간이 필요하다. 만약 이와 같은 공간과 시간이 주어져서 사서들이 당당히 활용할 수 있게 된다면, 사서직의 직무 만족도는 물론이고 이용자들의 도서관 서비스에 대한 만족도도 함께 높아질 것이다.

4. 사서를 위한 마음약방

다음에 소개하는 책들은 환경과 사람들의 관계를 생각해 보는 데 도움을 줄 것이다. 그러므로 이 책을 읽는 것 또한 새로운 환경과의 만남이라고 생각하며 설렘을 갖고 읽어보실 것을 권한다.

> 1) 작은 집 이야기 / 버지니아 리 버튼 글·그림, 홍연미 옮김 /
> 시공주니어 / 2017

옛날 아주 먼 옛날, 저 먼 시골 마을에 작은 집이 한 채 있었다. 그 집은 아담하고 아름다웠으며 튼튼하게 잘 지었기 때문에 대대손손 살아가는 모습을 보며, 그 자리에 계속 남아 있을 거라고 생각했다. 그러나 시간이 흐르면서 산업화와 도시화가 진행되자 작은 집을 둘러싼 환경은 계속 바뀌었다. 그럼에도 작은 집은 그 자리에서 본연의 모습을 꿋꿋하게 지켜가지만, 결국 옛날에 살았던 시골과 같은 환경으로 옮겨지게 된다. 이 이야기는 '인간과 자연이 조화를 이루고 사는 세상에 대한 소망'을 담고 있지만 작은 집이 현시대를 살아가는 사람들을 비유한 것이라고 해석한다면, 우리들에게 급속도로 달라지는 환경 속에서 어떻게 적응해 나가며 살아내야 할 것인가에 대한 화두를 던져준다고 다고 할 수 있다.

2) 나무를 심은 사람 / 장 지오노 글, 프레데릭 바크 그림,
   햇살과나무꾼 옮김 / 두레아이들 / 2020

고전에 속하는 작품으로 오랜 기간 동안 홀로 나무를 심고 가꾼 노인의 노력 덕분에 프로방스의 황무지가 숲으로 탄생하고, 그로 인해 수자원이 회복되어 희망과 행복이 되살아나게 되는 과정을 그린 이야기이다. 이 책을 추천하는 이유는 한 사람의 노력만으로도 환경이 바뀌지만, 여러 사람들이 함께 한다면 더 행복할 수 있는 환경을 만들어 나갈 수 있을 것이라는 희망을 전하고 싶었기 때문이다.

3) 차곡차곡 / 서선정 글·그림 / 시공주니어 / 2021

빠르게 흘러가는 시간, 바빠서 잠시 여유를 내기도 어려운 하루하루, 과연 나는 어떤 모습으로 살아가고 있을까? 더불어 그 안에서 내가 쌓아온 것들은 무엇일까? 이 그림책은 독자들

에게 늘 다니던 길이어서, 항상 사용하던 물건들이어서, 매번 만나는 사람들이어서, 당연히 해야 하는 일이어서 자세히 보지 않고 중요성도 잊고 있었던 것들에 대해 다시 한 번 자세히 볼 수 있는 기회를 선물해 준다.

한 직장에서(혹은 한 분야에서) 몇 년 이상 일을 하다 보면 매너리즘에 빠질 수 있다. 그런데 이런 현상이 발생하는 것은 업무를 그만큼 반복하면서 익숙해졌다는 의미일 수 있다. 하지만 이런 상태가 지속된다면 결국 안주하면서 발전 가능성을 잃어버리기 때문에, 새로운 것을 찾기 위한 노력이 필요하다. 근무 환경을 바꾸어 보거나, 일 처리 순서를 바꾸어 보는 것은 어떨까? 도서관에서의 근무 경력을 차곡차곡 쌓아 현장 전문가로서 성장하고 계신 많은 사서 분들을 응원하는 마음으로 선정한 그림책이다.

> 4) 글자가 자라서 도서관이 되었대! / 마르 베네가스 글, 미리암 모랄레스 그림, 김유진 옮김, 김슬옹 감수 / 한울림어린이 / 2021

오늘날의 도서관은 다양한 자료들을 소장하고 있을 뿐만 아니라, 교육을 받을 수 있고 음악이나 영화, 그림을 감상할 수 있는 등 각종 문화 활동을 즐길 수 있는 복합 문화 시설로 자리 잡고 있다. 이 책은 오늘날의 도서관이 이런 역할을 할 수 있을 때까지의 흐름을 정리한 것으로, 알렉산드리아 도서관을 세운 알렉산더 대왕의 이야기부터 이곳에서 교육을 받은 클레오파트라와 최초의 여성 과학자 히파티아 등 도서관을 둘러싼 역사 속 다채로운 이야기들을 만날 수 있다. 이 책을 선정한 이유는 도서관에 대한 이야기가 담겨 있는 그림책이어서 무조건 안내하고 싶은 마음과, 더불어 미래의 도서관 환경은 어떻게 변화될 것인지 예측해 보시라는 의미도 있다.

> 5) 나는 도서관입니다 / 명혜권 글, 강혜진 그림 / 노란돼지 / 2021

사서가 쓴 그림책으로, 책과 사람, 그리고 이야기가 있는 도서관의 풍경이 평화롭고 아늑하게 담겨 있다. 따라서 도서관이라는 물리적 환경이 사람들에게 어떤 역할을 할 수 있고 하고 있는지 생각해 볼 수 있는 기회를 제공해 줄 것이다. 그동안 내가 걸어온 길, 그래서 현재 걷고 있는 길, 나아가 앞으로 걸을 길에 대해 생각하고, 만약 더 나은 환경 조건이 필요하다면 그것이 무엇인지도 찾아낼 수 있기를 바란다.

6) 길 / 주나이다 글·그림 / 비룡소 / 2021

우리는 길을 따라 살아간다. 매일 집에서 나와 도서관으로 출근하면서 걷는 곳도 길이고, 끝을 모른 채 살아가는 인생 또한 길이다. 결국 우리는 매일 같으면서도 동시에 다른 길을 걷고 있는 셈인데, 그 경험들이 항상 새로우면서 긍정적일 수는 없지만 발견을 통한 신선한 자극을 받는 경우도 있을 것이다.

7) (환경심리행태론적 접근) 어린이도서관의 환경과 이용자 / 강미희 지음 / 전남대학교출판부 / 2019

이 책은 사람들에게 최적의 환경을 제공하기 위한 일련의 노력들 중 한 결실이라고 할 수 있는 환경심리학을 기반으로, 어린이도서관이 어린이들에게 더 의미 있는 공간이 될 수 있도록 하려면 어떤 측면들을 고려해야 하는가에 대해 고찰하고 있다. 따라서 전체 관종을 포괄적으로 다루고 있지는 않지만, 환경심리학과 환경감각 및 인간 행태에 대해 다루고 있기 때문에, 도서관 운영자들인 사서의 입장에서도 생각해 볼 것들이 많을 것이다.

8) 사피엔스 : 유인원에서 사이보그까지, 인간 역사의 대담하고
위대한 질문 / 유발 하라리 지음, 조현욱 옮김 / 김영사 / 2015

약 135억 년 전 빅뱅으로 물리학과 화학이 생겨나고, 약
38억 년 전 자연 선택의 지배 아래 생명체가 탄생해 생물학
이 생겼으며, 약 7만 년 전 호모 사피엔스 종이 발전하여 문화
를 만들고 역사를 개척하는 지점에서 시작되는 이야기는, 인
류학을 넘어 경제학, 생물학, 심리학, 행복에 대한 논고 등 학
문의 경계를 넘나든다. 40억 년간 자연 선택의 지배를 받아
온 인류가 이제 신의 영역까지 넘보고 있는 현시점에, 인간의
지적 설계로 만들어갈 미래는 과연 어떤 모습일지, 과연 나는
그 안에서 어떻게 살아갈 것인가에 대한 화두를 던진다. 따라
서 시시각각 달라지고 있는 환경 속에 놓인 나의 삶에 대한
생각을 정리해 보라는 취지에서 선정한 책이다.

사서를 위한

마음 약방

여섯 번째
처방전

결국 문제는 스트레스

1. 스! 트! 레! 스!

스트레스가 만병의 근원이라는 점을 모르는 사람은 없다.
따라서 가능한 스트레스를 받지 않으며 평온하게 살고 싶지
만, 살아내기 위해 사회생활을 하며 여러 관계도 맺어야 하는
현실이기 때문에 그것은 불가능하다. 따라서 나는 살아간다는
것은 어느 정도의 스트레스를 감내해야 하는 상황을 수용하
고, 각자가 적정 합의점을 찾아야 하는 과정이라고 생각한다.

우리나라 사람들이 가장 많이 사용하는 외래어 중 하나라고

하는 단어 '스트레스'는, 1920년까지 물리학 용어였다고 한다. 어떤 물체에 외부에서 힘을 가하면 압력을 받아 변형이 되는데, 이때 물체는 평형을 유지하기 위해 내부적으로 힘을 분배하게 된다. 이 힘이 바로 'stress'로, '팽팽하게 죄다, 긴장'이라는 뜻을 지닌 라틴어 'stringer'에서 유래하였다.

'스트레스'라는 용어를 의학에 처음 적용시킨 사람은 한스 셀리에(Hans Selye) 박사인데, 그는 1956년에 '외부적인 자극에 대한 유기체의 반응'[30]으로 스트레스를 정의했다. 그는 쥐 실험을 통해 이와 같은 개념을 도출하면서, 스트레스가 만병의 근원이기는 하지만 외부의 위협이나 내부 이상에 즉각적으로 반응하고 결정할 수 있어 나를 지켜주는 기능도 갖고 있으므로, 스트레스를 긍정적으로 받아들이면서 도움 요소로 활용하라고 말했다.

따라서 이는 마치 키에르케고르(Soren Kierkegaard), 프로이트(Sigmund Freud), 융(Karl G. Jung) 등 수많은 철학자들과 심리학자들이 '분명하지 않고 특정한 초점이 없으며 신체적 자

---

30) Selye, Hans. 1956. *The Stress of Life*. New York: McGraw-Hill Book Company.

극을 동반하는 무서운 상태'[31]인 불안(anxiety)에 대해, 회피가 아닌 공존과 상생의 대상으로 여기며 존재의 일부로 받아들이라고 말했던 측면과 일맥상통한다. 결국 스트레스를 받게 되면 자연스럽게 불안이라는 감정이 유발되기 때문에, 그것들을 다루는 방식도 비슷할 수밖에 없다.

2. 스트레스와의 공생

1950년대 캐나다 맥길대학교(McGill University) 심리학 연구소에서는 스트레스가 완전히 사라진 환경이 사람들에게 어떤 영향을 끼치는가에 대한 실험을 진행한 적이 있다. 실험을 위해 연구소 측에서는 참여자들에게 일과 공부 금지, 사람과의 만남 금지, 스트레스 요인이 되는 시각·청각·촉각의 제한, 식사 무료 제공과 화장실도 본인이 가고 싶을 때 마음대로 갈 수 있는, 그야말로 스트레스가 전혀 없는 환경을 제공했다. 그러자 대부분의 사람들은 이 실험이 너무 쉽다고 생각했고 첫날에는 편안하고 행복한 마음에 잠도 푹 잤다고 한다. 그러나

---

31) David, Matsumoto. 2009. *The Cambridge Dictionary of Psychology*.
　　Cambridge: Cambridge University Press.

채 24시간도 지나지 않았는데 지루함을 느끼기 시작하더니, 일부 참가자들에게서는 불안이나 환각 증상까지 나타났으며, 결국 3일도 넘기지 못한 채 모두 실험실을 떠났다고 한다. 분명 스트레스가 없는 환경을 원했기 때문에 자원한 사람들이었을 텐데, 아무런 스트레스가 없는 것에 스트레스를 받아 서둘러 일상으로 돌아갔다는 것은 아이러니가 아닐 수 없다. 그럼에도 이 실험 결과는 우리에게 '스트레스가 필요하다'는 것, 하지만 행복하고 건강하게 살기 위해서는 적절히 조절할 필요가 있다는 점도 일깨워준다.

『우리는 사소한 것에 목숨을 건다』는 책 등으로 유명한 미국의 소설가이자 심리학자인 리처드 칼슨(Richard Carlson)은, "우리 삶에서 스트레스를 없애는 열쇠는 바로 스트레스를 만들어내는 것이 우리 자신임을 아는 데 있다."라고 말했다. 그래서 다음 장에서는 결자해지(結者解之 : 맺은 사람이 풀어야 한다는 뜻으로, 일을 저지른 사람이 그 일을 해결하여야 한다는 말)를 위한 방안을 모색해 보고자 한다.

3. 스트레스 다루기

1) 스트레스 맞이하기

상담치료를 받으러 오는 사람들이 가장 많이 호소하는 문제는 관계에 대한 측면이다. 따라서 사람과의 관계가 가장 큰 스트레스 유발 요인이라고 할 수 있는데, 물론 그 외에도 각자의 스트레스를 촉발시키는 요인들은 다양할 것이다. 그러므로 피할 수 없으면 직면하고, 반갑지 않더라도 기꺼이 맞이하는 것이 스트레스 다루기의 첫 번째 단계이다. 우선 내 스트레스 정도를 다음의 척도를 바탕으로 점검해 보자. 제시한 '한글판 스트레스 자각 척도(Perceived Stress Scale)'는 Cohen 등(1988)[32]이 개발하여 신뢰도와 타당도가 입증된 것으로, 총 10문항이다. 각 문항들은 일상생활에서 예측할 수 없고, 통제 불가능하며, 과도한 부담을 느끼는가에 대한 직접적 질문으로 구성되어 있으며, '전혀 없었다' 0점에서부터 '매우 자주 있었다'의 4점까지 채점되며, 4번, 5번, 7번, 8번은 부정 문항이기 때문에 역채점 된다. 총점은 0점에서 40점까지로 총점이 높을수록 지각된 스트레스 정도가 심하다고 할 수 있다.

---

32) Cohen, S., Doyle, W. J., & Skoner, D. P. 1999. Psychological stress, cytokine production and severity of upper respiratory infection. *Psychosomatic Medicine*. 61: 175–180.

■ 지각된 스트레스 척도

이 척도는 일상생활에서 주관적으로 느끼는 스트레스의 정도를 평가하기 위한 것입니다. 최근 1개월 동안 문항에 해당하는 내용을 얼마나 자주 느꼈는지 체크해 주십시오.

	전혀 없음	거의 없음	때때로 있음	자주 있음	매우 자주
1. 예상치 못했던 일 때문에 당황했던 적이 얼마나 있었습니까?	0	1	2	3	4
2. 인생에서 중요한 일들을 해결할 수 없다는 느낌을 얼마나 경험하였습니까?	0	1	2	3	4
3. 신경이 예민해지고 스트레스를 받고 있다는 느낌을 얼마나 경험하였습니까?	0	1	2	3	4
4. 당신의 개인적인 문제들을 다루는 데 있어서 얼마나 자주 자신감을 느끼셨습니까?	0	1	2	3	4
5. 일상의 일들이 당신의 생각대로 진행되고 있다는 느낌을 얼마나 경험하였습니까?	0	1	2	3	4
6. 당신이 꼭 해야 하는 일을 처리할 수 없다고 생각한 적이 얼마나 있었습니까?	0	1	2	3	4
7. 일상생활의 짜증을 얼마나 자주 잘 다스릴 수가 있었습니까?	0	1	2	3	4
8. 최상의 컨디션이라고 얼마나 자주 느끼셨습니까?	0	1	2	3	4
9. 당신이 조절할 수 없는 일 때문에 화가 난 경험이 얼마나 있었습니까?	0	1	2	3	4
10. 어려운 일들이 너무 많이 쌓여서 극복하지 못할 것 같은 느낌을 얼마나 자주 경험하셨습니까?	0	1	2	3	4
총점	/40				

2) 스트레스와 이야기 나누기

두 번째 단계인 '스트레스와 이야기 나누기'는 스트레스 속에 담겨 있는 많은 이야기들을 들어주고 함께 이야기를 나누는 것이다. 스트레스를 받은 순간 다음의 양식에 따라 기록을 해보자. 이 과정은 결국 나와의 대화로 전환되어 통찰(insight)을 할 수 있도록 도와줄 것이다.

언제 어디에서	
누구로 인해	
어떤 상황이 발생했는가?	
그 때의 감정은	
그 때의 생각은	
그래서 내가 취한 행동은?	
그로 인해 벌어진 상황은?	
결과는?	
현재의 생각이나 감정은?	

3) 스트레스 해소하기

스트레스를 다루는 마지막 단계는 적절히 해소한 뒤 이별하는 것이다. 운동, 쇼핑, 맛있는 음식 먹기 등 스트레스를 해소하는 방법도 다양하겠지만, 그것이 또 다른 스트레스를 유발하는 것이면 지양할 필요가 있다.

변화하는 환경에 적절히 대응해서 삶이 더 나아질 수 있도록 돕는 스트레스를 유스트레스(Eustress)라고 한다. 사실 우리가 일상 속에서 겪는 스트레스들은 대부분 유스트레스에 가깝다. 하지만 스트레스에 대한 부정적인 인식 때문에 본인이 겪는 스트레스가 자신에게 도움이 된다는 걸 잘 알지 못하고 힘들어하는 경우가 많다. 여러분이 스트레스를 잘 다룰 수 있게 된다면 스트레스는 우리에게 갑작스러운 변화를 이겨낼 힘을 주고 삶에 새로움과 활기를 불어넣는 건전한 자극이 될 것이다.[33]

---

33) 박종현 과학칼럼. 스트레스 '가득한' 세상 VS 스트레스 '없는' 세상. [online]. [cited 2021. 5. 19] 〈https://www.edaily.co.kr/news/read?newsId=01823686629049248&mediaCodeNo=257&OutLnkChk=Y〉

4. 사서를 위한 마음약방

다음에 소개하는 책들은 스트레스를 다루는 데 도움을 줄 것이다.

> 1) 중요한 문제 / 조원희 지음 / 이야기꽃 / 2017

동전 크기만 하게 시작된 문제는 결국 바윗덩이만큼이나 커져버린다. 스트레스를 받지 않는 것이 중요하다고는 하지만, 해야 할 것들과 하지 말아야 할 것들이 점차 늘어나면서 스트레스의 강도 또한 커지기만 한다. 그래서 주인공은 진짜 중요한 것은 자신이 하고 싶은 것을 하는 것이라 생각하고 그것들을 실천한다. 그러자 오히려 마음이 편안해지면서 스트레스도 줄어든다.

> 2) 모자 도시 / 안토니오 보난노 글·그림, 이정주 옮김 / 어린이작가정신 / 2021

모자 도시는 바람이 많이 부는 바람의 도시이다. 그래서 사람들은 세찬 바람에 공중을 날아다니고, 구석구석에 있는 모든 것들과 함께 기억도 훨훨 날려 보낸다. 때문에 추억마저 남지 않고 생각도 얽히고설켜 버린다. 그런데 이와 같이 세찬 바람이 모든 것을 날려 버려도 사람들은 신경 쓰지 않는다. 오히려 그 바람에 소중한 것들을 다 맡기면서도 모자만은 지키려고 노력한다. 모자가 없으면 바람이 불지 않기 때문일까?

이 그림책을 선정해서 제시한 이유는 내가 만약 모자 도시에 살고 있다면 그 세찬 바람에 날려 버리고 싶은 것이 무엇인지, 그럼에도 끝까지 잡고 싶은 것은 무엇인가에 대해 생각해 보기를 바랐기 때문이다. 실제로 그런 바람이 있다면 스트레스는 모두 실어 보내고 행복감만을 꼭 붙들고 있기 바라며.

3) 그리스 컬러링 여행 / 호경 글, 윤하 그림 / 트러스트북스 / 2015

색을 칠할 수 있도록 선으로 그린 그림이나 도안을 모아 엮은 책을 컬러링 북이라고 한다. 컬러링 북에 담긴 도안에 색을 칠하면 마음이 안정되고 스트레스가 감소되는 효과도 있다고 하여 선정해 본 책으로, 특히 여행을 좋아하는 사람들에게는 관련 정보도 담겨 있어 일석이조의 효과를 줄 것이다.

4) 나를 돌보는 책 : 심리학이 알려주는 스트레스 관리법 100 / 이토 에미 지음, 호소카와 텐텐 그림, 김영현 옮김 / 다다서재 / 2021

이 책은 30년 동안 임상심리학자로 활동한 저자가 많은 스트레스에 힘들지만 심리 상담을 받지 못할 여건에 놓인 사람들을 돕기 위해 쓴 것이다. 따라서 실제 심리 상담 장면에서 활용되는 100가지 자기 돌봄 활동을 언제 어디서든 누구나 할 수 있도록 소개해 준다.

5) 잠깐 스트레스 좀 풀고 올게요 / 유혜리 지음 / 이담북스 / 2021

이 책에는 극심한 스트레스를 호소하는 이들에게 일상에서 흔히 접할 수 있는 사례들이 소개되어 있어, 독자들이 '심리적 통제감'을 형성해 스트레스를 적절히 해소하고 긍정의 삶을 살아갈 수 있는 도움을 줄 것이다.

6) 하버드 스트레스 수업 / 왕팡 지음, 송은진 옮김 / 와이드맵 / 2021

　　꿈의 직장으로 알려진 구글, 페이스북, 마이크로소프트 등은 연구 개발과 사원들의 복지 못지않게 '스트레스 관리'를 위해 많은 투자를 한다. 왜냐하면 사원들이 과도한 스트레스를 받으면 결국 업무 효율이 떨어지기 때문이다. 이 책은 하버드 의대의 '허버트 벤슨' 교수가 40년의 연구를 통해 개발한 스트레스 관리 프로그램인 'SMART(Stress Management and Resiliency Training)'에 대해 소개하며, 기업이나 조직뿐만 아니라 개인들이 일상생활에 적용해 스트레스를 긍정의 에너지로 전환시킬 수 있는 방안을 제시하고 있다.

일곱 번째
처방전

환경적(사회적) 스트레스

1. 환경(사회) 변화와 도서관

교보문고를 세운 신용호 회장은 교육의 원천인 책을 읽는 것이 지성, 감정, 의지를 균형 있게 갖춘 전인적 인간을 만드는데 가장 중요한 활동이기 때문에, 독서 실천을 강조하기 위해 '사람은 책을 만들고 책은 사람을 만든다.'는 문장을 좌우명으로 삼았다고 한다. 이 문장은 아직까지도 많은 사람들에게 회자가 되는데, 이유는 독서가 개인의 성장을 넘어 기업 경영과 국가 발전에도 도움을 주는 생산적인 활동이기 때문이다.

1980년도에 설립된 교보문고는 여전히 국내에서 가장 큰 서점으로 자리 잡고 있고, 책 또한 중요한 미디어로 계속 인정받고 있다. 하지만 그사이 흘러온 40년이 넘는 세월은 사회 환경과 사람들의 생활 방식에 많은 변화를 가져왔다. 따라서 이제는 특정 미디어를 읽는 활동에 대한 강조를 넘어, 사회 환경 내 요소들이 긍정적으로 상호작용하면서 구성원들이 함께 성장할 수 있도록 돕는 정책이 필요하다. 즉, 환경을 만드는 것은 사람이지만 그 환경이 사람들에게 영향을 끼칠 것이므로, '사람은 환경을 만들고 환경은 사람을 만든다.'는 모토로의 전환이 필요하다는 것이다.

사서는 도서관 운영에 필요한 전문적 지식과 자격을 갖춘 전문직이다. 따라서 도서관에 근무하며 이용자들에게 전문 서비스를 제공한다는 기본적 역할은 같지만, 어느 지역에 위치한 어느 정도 규모의 관종에서, 어떤 동료들과 함께 일하며 어떤 이용자들에게, 어떤 수준의 서비스를 제공하느냐에 따라 인식되는 각자의 환경은 매우 다를 것이다. 나아가 이와 같은 도서관 환경의 차이는 결국 사서로서의 직무 수행에 있어 스트레스를 받느냐 또는 만족스러우냐를 결정하는 요인으로 작용할 것이므로, 결국 내가 어떤 환경에 처해 있든 동화(assimilation)[34] 와 조절(accommodation)[35] 과정을 거치면서 평형화(equilibrium)[36] 가 될 수 있도록 적극적인 노력을 해나가야 한다.

2. 직무스트레스 점검

직무스트레스는 업무 상 요구하는 사항이 근로자의 능력이나 자원, 바람과 일치하지 않을 때 생기는 유해한 신체적·감정적 반응을 뜻한다.[37] 정호창(2009)[38]은 '조직 관련 요인', '물리적 환경 요인', '직무 관련 요인', '개인적 요인'을 공공도서관 사서의 직무스트레스 영향 요인으로 꼽으면서, 어떤 요인이든 직무스트레스를 받고 있다면 업무 능력 및 효율성이 떨

---

34) 새로운 대상을 기존의 도식에 의해 해석하는 것

35) 새로운 대상을 해석해 나가는 과정에서 기존의 도식을 수정하는 것

36) 동화와 조절의 과정을 통해 형성된 적응 상태

37) The National Institute for Occupational Safety and Health. 1999. *Stress...At Work*. Cincinnati: NIOSH Publications & Products.

38) 정호창. 2009. 『공공도서관 사서의 직무 스트레스 분석 및 대처방법 연구 : 광주광역시 공공도서관을 중심으로』. 석사학위논문. 전남대학교 대학원 문헌정보학과.

어질 것으로 예측했다. 또한 신전향과 허은혜(2015)[39]도 공공
도서관 사서들의 직무스트레스를 업무 능력 및 효율성을 저해
하는 요소로 전제하고 관련 요인들을 분석한 결과, 개인적 영
역의 요인(성별, 연령대, 근무 연수, 사서자격증, 업무)이 조직적 영역
(고용 형태, 운영 형태)보다 더 큰 스트레스 요인으로 작용하고 있
음을 밝혀냈다. 따라서 직무스트레스를 예방하거나 적정 해소
방안 모색을 위해서 현재 내 상태를 점검해 볼 필요가 있다.

다음에 제시한 '한국인 직무스트레스 측정도구 단축형'은
한국직무스트레스학회[40]에서 만든 것으로, 직무스트레스 요
인을 측정하기 위해 직무 요구, 직무 자율, 직무 불안정, 관계
갈등, 조직 체계, 보상 부적절, 직장 문화의 7가지 영역 24개
의 문항으로 구성되어 있다. 각 문항에 대한 답변은 '전혀 그렇
지 않다'에 1점, '그렇지 않다'에 2점, '그렇다'에 3점, '매우 그
렇다'에 4점을 주게 되어 있으며, 각 항목별 환산 점수는 (체크
점수-문항 수)×100/(문항 수×4-문항 수)이다. 또한 직무스트레스

39) 신전향, 허은혜. 2015. 공공도서관 사서들의 직무스트레스에 관한 연구 : 업
무 정보를 중심으로. 『한국정보관리학회 학술대회 논문집』, 8: 127-130.
40) 한국직무스트레스학회. [online]. [cited. 2021. 5. 28] 〈http://www.
jobstress.or.kr〉

총 점수는 (각 7개 항목의 환산 점수의 총합)/7이다. 이와 같은 계산 방법에 따라 점수를 환산한 뒤 기준표를 통해 자신이 어떤 항목에 대해 어느 정도의 스트레스를 받고 있는지 확인해 보면 된다. 기준치 가운데 하위 25%는 안정, 하위 50%는 보통, 상위 50%는 불안정, 상위 25%는 위험한 상태를 나타낸다.

■ 한국인 직무스트레스 측정도구

구분	내용	전혀 그렇지 않다	그렇지 않다	그렇다	매우 그렇다
직무 요구	1. 나는 일이 많아 항상 시간에 쫓기며 일한다.				
	2. 업무량이 현저하게 증가하였다.				
	3. 업무 수행 중에 충분한 휴식(짬)이 주어진다.				
	4. 여러 가지 일을 한꺼번에 해야 한다.				
직무 자율	5. 내 업무는 창의력을 필요로 한다.				
	6. 내 업무를 수행하기 위해서는 높은 수준의 기술이나 지식이 필요하다.				
	7. 작업시간, 업무수행과정에서 나에게 결정할 권한이 주어지며 영향력을 행사할 수 있다.				
	8. 나의 업무량과 작업 스케줄을 스스로 조절할 수 있다.				
관계 갈등	9. 나의 상사는 업무를 완료하는 데 도움을 준다.				
	10. 나의 동료는 업무를 완료하는 데 도움을 준다.				
	11. 직장에서 내가 힘들 때 내가 힘들다는 것을 알아주고 이해해 주는 사람이 있다.				
직무 불안정	12. 직장 사정이 불안하여 미래가 불확실하다.				
	13. 나의 근무조건이나 상황에 바람직하지 못한 변화 (예, 구조조정)가 있었거나 있을 것으로 예상된다.				
조직 체계	14. 우리 직장은 근무평가, 인사제도(승진, 부서 배치)가 공정하고 합리적이다.				
	15. 업무수행에 필요한 인원, 공간, 시설, 장비, 훈련 등의 지원이 잘 이루어지고 있다.				

16. 우리 부서와 타 부서 간에는 마찰이 없고 업무 협조가 잘 이루어진다.			
17. 일에 대한 나의 생각을 반영할 수 있는 기회와 통로가 있다.			

■ 직무스트레스 환산 점수 기준치

항목	기준치								점수의 의미
	하위 25%		하위 50%		상위 50%		상위 25%		
	남자	여자	남자	여자	남자	여자	남자	여자	
직무 요구	41.6 이하	50.0 이하	41.7-50.0	50.1-58.3	50.1-58.3	58.4-66.6	58.4 이상	66.7 이상	점수가 높을수록 직무 요구도가 상대적으로 높다.
직무 자율	41.6 이하	50.0 이하	41.7-50.0	50.1-58.3	50.1-66.6	58.4-66.6	66.7 이상	66.7 이상	점수가 높을수록 직무 자율성이 상대적으로 낮다.
관계 갈등	–	–	33.3 이하	33.3 이하	33.4-44.4	33.4-44.4	44.5 이상	44.5 이상	점수가 높을수록 관계 갈등이 상대적으로 높다.
직무 불안정	33.3 이하	–	33.4-50.0	33.3 이하	50.1-66.6	33.4-50.0	66.7 이상	50.1 이상	점수가 높을수록 직업이 상대적으로 불안정하다.
조직 체계	41.6 이하	41.6 이하	41.7-50.0	41.7-50.0	50.1-66.6	50.1-66.6	66.7 이상	66.7 이상	점수가 높을수록 조직이 상대적으로 체계적이지 않다.
보상 부적절	33.3 이하	44.4 이하	33.4-55.5	44.5-55.5	55.6-66.6	55.6-66.6	66.7 이상	66.7 이상	점수가 높을수록 보상 체계가 상대적으로 부적절하다.
직장 문화	33.3 이하	33.3 이하	33.4-41.6	33.4-41.6	41.7-50.0	41.7-50.0	50.1 이상	50.1 이상	점수가 높을수록 직장 문화가 상대적으로 스트레스 요인이다.
기본형 총점	42.4 이하	44.4 이하	42.5-48.4	44.5-50.0	48.5-54.7	50.1-55.6	54.8 이상	56.0 이상	점수가 높을수록 직무스트레스가 상대적으로 높다.

3. 직무 환경 바꾸기

직무스트레스가 심하면 건강이 나빠지고 이직 의도 또한 높아진다. 따라서 사서들은 본인의 건강과 행복, 능력 발휘를 위해서라도 직무 환경을 바꾸어 나가야 한다. 물론 조직적 영역을 혼자 힘으로 단기간에 바꿀 수는 없겠지만, 낙숫물이 바위를 뚫는 것처럼 여러 사람의 시도가 지속되면 분명 나아질 것이라 생각한다.

다음은 신경정신과, 예방의학과 전문의들이 조언하는 대표적 스트레스 해소법[41]으로, 개인적 영역의 요인을 개선하는 데 도움이 될 것 같아 옮겨 본다.

1) 비합리적인 신념을 수정한다.

한국직무스트레스학회 조사에 따르면, 성취 결과에 대해 자신의 노력이나 의지가 중요하다고 평가하는 사람일수록 스트레스를 적게 받았다. 반대로 우연적 요인에 의해 결과의 성패가 좌우된다고 믿는 사람은 스트레스가 심했다. 예를 들어 승진에서 누락됐을 때 합리적 사고를 하는 사람은 "열심히 했는데 안 됐다. 운이 나빴지만 내 노력이 부족했을 수 있으니 더 열심히 하자"라는 결론을 내린다. 그러나 어떤 이는 심사가 불공정했다며 불만을 터뜨리고 일할 의욕마저 잃어버린다.

---

41) 주간동아. 2005. 1. 5. 당신의 직장 스트레스 지수는? [online]. [cited 2021. 5. 28] 〈https://weekly.donga.com/3/all/11/75494/1〉

2) 통제할 수 있는 '나'에게서 해결책을 찾는다.

스트레스 요인을 파악해 보고 자신이 통제할 수 없는 것일 때에는 재빨리 대처 방식을 바꾼다. 스트레스의 원인에 적응하려 노력하는 것이다. 상사가 필요 이상 화를 내더라도 '저 사람은 원래 성격이 저렇다. 내가 미워서가 아니라 성격 탓이니 신경 쓰지 말자'고 생각한다. 상사의 지시가 과하더라도 수정할 수 없는 상황이면 빨리 이를 인정하고 긍정적으로 사고하는 편이 낫다.

3) 속 터놓고 말할 사람을 구한다.

직장동료, 친구, 가족 가운데 터놓고 대화할 수 있는 대상이 한두 명은 있어야 한다. 정신적 고통을 나누다 보면 자신이 처한 상황을 객관적이고 냉정하게 볼 수 있다. 특히 직장동료나 상사의 적절한 사회적 지지(지원 또는 인정)는 스트레스 완화에 큰 도움이 된다. 주변에서 지지자를 찾기 어려우면 전문의나 심리상담가를 찾는 것도 한 방법이다.

4) 할 수 있는 일과 없는 일을 명확히 구분한다.

중간관리자의 경우 상사나 부하직원의 과도한 기대 때문에 본인의 능력과 권한 밖의 일까지 껴안고 가는 경우가 많다.

할 수 없는 일은 과감히 포기하는 것이 서로 간의 스트레스를 줄이는 길이다.

5) 쉴 때는 '열심히' 쉰다.

점심시간에는 일에 파묻혀 어영부영하지 말고 꼭 식사를 한다. 어떻게든 하루 30분 정도의 자유 시간을 확보해 공상을 하도록 한다. 공상은 스트레스를 해소해 줄 뿐만 아니라 창조성도 길러준다. 휴일에도 잠에 빠져 지내기보다는 몸을 움직여 즐길 수 있는 일을 찾는다.

6) 일이 없으면 사무실을 떠난다.

간혹 '집보다 사무실이 편하다'며 업무가 끝난 뒤에도 자리를 지키고 앉아 PC를 들여다보는 사람들이 있다. 집에 가서 쉬든 다른 취미 생활이나 자기계발을 위한 시간을 갖든 사무실을 떠나는 것이 좋다. 같은 자세로 오래 앉아 있는 것, 컴퓨터를 오래 보는 것 등은 모두 스트레스를 가중시키는 일이다.

7) 평소 좋은 신체 컨디션을 유지한다.

이틀에 한 번 정도 숨이 가쁘고 땀이 날 정도의 운동을 10~20분가량 한다. 요가나 복식호흡은 스트레스 해소에 큰 도움이 된다. 규칙적인 식사, 적당한 칼로리 섭취, 금연과 절주, 취침 패턴 지키기도 중요하다.

4. 사서를 위한 마음약방

다음에 소개하는 책들은 환경적(사회적) 스트레스를 다루는 데 도움을 줄 것이다.

> 1) 뭐 어때! / 사토 신 글, 돌리 그림, 오지은 옮김 / 길벗어린이 / 2016

알람을 끄지 않아서 일요일에도 출근을 했다가 다시 집으로 돌아오는 직장인에 대한 이야기를 담은 그림책이다. 출근 도중 여러 일들을 겪을 때마다 스트레스를 받을 수도, 결국 공휴일을 허무하게 보내버린 자신에게 화가 날 수도 있었을 텐데, 그때마다 그럴 수 있다는 긍정적인 태도를 견지한다. 항상 그럴 수는 없겠지만, 때로는 처해 있는 상황이나 자신에게 관대함을 갖는 것도 좋을 것 같아 추천해 본다.

여성 연예인들이 팀을 나누어 축구 경기를 펼치는 내용의 예능 프로그램인 SBS-TV의 「골 때리는 그녀들」과, 여성 댄서들의 춤으로의 경쟁을 담은 Mnet의 「스트릿 우먼 파이터」라는 프로그램이 큰 인기를 얻었다. 이 프로그램들이 인기를 얻은 데에는 여러 이유가 있겠으나, 그동안 해당 분야에서 전면에 등장하지 않았던(남성들에 비해 덜 주목받았던) 사람들이 주체가 되어 자신을 성장시키고, 협력하여 좋은 결과를 얻기 위해 노력하는 과정들이 큰 감동을 주었기 때문일 것이다.

이 그림책도 축구를 소재로 하고 있으며 선수들은 여성이다. 그런데 그들은 모두 테이블 축구 게임 속 선수들이기 때문에 자신의 의지대로 경기에 임할 수 없다. 이는 정해진 틀, 절대 바꿀 수 없는 통제를 의미하는데, 결국 그들은 그런 제한을 뛰어넘어 상대 팀의 골대를 향해 슛을 날린다. 과연 나를 옭아매고 있는 환경이 있다면 그것을 바꾸기 위해 내가 날려야 할 슛은 무엇일까? 그래서 내가 얻어야 할 자유 혹은 성장시켜야 할 나는 무엇일까? 진정한 자유와 '나다움'이 무엇인가에 대한 질문을 던지는 그림책이다.

사람들은 이야기를 좋아할 수밖에 없다고 한다. 왜냐하면 내 삶이 곧 이야기이고, 누구나 그 안에서 주인공으로 살아가기 때문이다. 따라서 다른 사람들의 이야기에도 관심을 갖는 것이고, 그것이 독서나 영화 관람으로 이어진다는 것이다. 누구에게나 추억의 장소가 있고, 가장 기억에 남아 있는 것들도 있다. 그중에서 이 그림책은 영화관을 소재로 한 사람의 성장 과정에 대한 이야기를 들려준다. 따라서 내 환경은 어땠는지 되돌아볼 기회를 줄 수 있을 것 같아 선정했다.

이 책은 2014년 1월 서울의 한 구립도서관에 입사해 5년 동안 사서로 근무했던 저자의 직무 경험에 대한 기록이다. 따라서 현재 사서직으로 근무 중이라면 내용을 읽으며 자연스럽게 도서관 환경과 직무 경험 등 많은 것들을 떠올릴 것 같아 선정했다.

5) 직장 내공 / 스테르담 지음 / 가나출판사 / 2019

스트레스가 가득한 직장생활에서 나를 지키고 성장시키는 데 도움이 될 현실적 조언이 담겨 있는 책이기 때문에, 내공이 필요한 사서들에게도 도움이 될 것 같아 선정한 책이다.

6) 잠깐만 회사 좀 관두고 올게 / 에미 키타가와 원작, 스즈키 유후코 만화, 김서은 옮김 / 서울미디어코믹스(서울문화사) / 2021

제21회 전격소설대상 '미디어웍스문고상'을 받은 소설의 만화 버전으로, 직장 생활이 힘들어 입사 반년 만에 모든 의욕을 상실한 신입사원 아오야마에게 벌어진 일을 다루고 있다. 지친 마음을 위로해 주는 것은 물론이고 일에 대한 가치관도 바꿀 수 있는 계기를 만들어 줄 수 있는 책이라 선정했다. 만약 원작을 읽고 싶다면 소설책으로 선택하기 바란다.

7) 내 마음을 설레게 한 세상의 도서관들 / 조금주 지음 /
나무연필 / 2020

세상이 넓은 만큼 전 세계에는 다양한 도서관이 있다는 것을 보여주는 책이어서, 내용을 참고한 뒤 현재 근무 중인 곳의 환경도 점차 개선해 나갈 수 있는 방안을 모색해 보기 바라는 마음에 선정했다.

여덟 번째
처방전

대인관계 스트레스 관리

1. 사회적 동물인 사람

그리스 최고의 사상가로 꼽히는 아리스토텔레스가 쓴 책 『정치학』[42]에는 다음과 같은 문장이 담겨 있다.

"사회적이 아닌 개체는 하찮은 존재이거나 인간보다 높은 수준의 존재이다. 사회는 본질적으로 개체보다 우위에 있는 어떤 것이다. 공동생활을 영위할 수 없거나, 혹은 공동생활의 필요성을 느끼지 않을 만큼 자급자족이 가능한, 그래서 사회의

---

42) 아리스토텔레스 지음, 천병희 옮김. 2009. 『정치학』. 파주: 도서출판 숲.

일원이 되지 않은 존재가 있다면, 그것은 짐승이거나 신이다."

이 문장에 따르면 그는 사회가 사람보다 우위에 있는 것임을 전제하고 있다. 더불어 사람은 짐승이나 신이 아니기 때문에 사회의 일원이 되어 타인과 관계를 맺고 협력하며 지내야 하는 존재라는 점도 강조하고 있다. 이와 같은 그의 주장에 대해 모든 사람이 동의하지는 않겠지만, 여전히 많은 사람들이 사회 속에서 부대끼며 살아가고 있는 것은 분명하다.

2. 나는 자연인이다

2012년 8월부터 MBN에서 방송 중인 「나는 자연인이다」라는 프로그램이 있다. 이 프로그램에는 자연 속에 터를 잡은 사람들이 등장하는데, 어느덧 9년 가까이 지속되며 시청률도 꾸준히 상승하고 있는 것을 보면, 사회를 떠나 홀로 생활하는 사람들이 많다는 것, 이와 같은 삶이 궁금하거나 지향하는 사람들도 늘어나고 있다는 점의 반증이라고 할 수 있다.

그렇다면 자연인들은 왜 사회를 떠난 것일까? 저마다 다른 사정들을 갖고 있겠지만 가장 큰 이유는 대인관계가 힘들었기 때문일 것이다. 그래서 사람이 많은 도시를 피해 자연 속으로 들어감으로써 홀가분함과 자유로움을 얻었을 것이다. 그럼에도 모든 것들을 자급자족해야 하는 삶이 얼마나 불편하겠는가. 가족 및 친구들과 떨어져 지내는 것이 얼마나 외롭겠는가. 하지만 사람으로부터 받은 상처, 그로 인한 실망감과 허무함을 겪어본 사람들이라면 그들의 선택이 이해가 될 것이다. 또한 가능하다면 당장이라도 사회생활을 접고 훌훌 떠나고 싶은 마음이 들었을 때도 있었을 것이다. 그러나 아직 실천을 하고 있지 못하기 때문에 그들의 삶을 동경하면서 프로그램을 시청하고 있는 것은 아닐까?

3. 사서들의 대인관계 스트레스

손경림(2010)[43)]의 연구 결과에 따르면, 공공도서관 직원들이 평소 직장에서 스트레스를 가장 심하게 받는 요인은 이용자의 만족도를 고려한 업무 수행이었고, 직무를 수행하는 데

---

43) 손경림. 2010. 『공공도서관 직원의 직무스트레스 영향 요인 분석』. 석사학위논문. 경북대학교 행정대학원 일반행정전공.

있어서도 가장 심한 스트레스 요인은 운영 규정을 벗어난 이용자의 과다하고 일방적인 요구에 대응을 해야 한다는 점이었다. 또한 이용자들의 만족도를 높이기 위해 도서관에서 실시하는 행사 및 프로그램을 알리고 이를 성공적으로 진행해야 한다는 점, 이용자들의 요구에 항상 친절하고 적극적으로 들어줘야 한다는 것, 이용자들의 요구사항을 그들의 입장에서 신속하면서도 융통성 있게 처리해야 한다는 점이 가장 큰 스트레스 요인이라고 하였다.

공공도서관은 불특정 다수인 이용자들에게 정보를 유통시키는 서비스 기관이다. 따라서 사서들은 자신의 감정을 억누르고 업무상 정해진 감정만을 표현하는 감정노동에 시달릴 수밖에 없다. 물론 그렇다고 해서 이용자들의 요구를 모두 들어줄 수는 없고 규정에 맞게 안내 조치를 취할 수밖에 없는 건도 있지만, 민원이 발생했다는 것만으로도 스트레스를 받게 된다.

다음은 A 도서관 홈페이지 건의사항에 올라온 글 중 하나로, 이용자들의 요구가 이처럼 다양하면서도 세부적이라는 점 때문에 눈에 띄었기에 옮겨 본다.

예전에 문의했던 내용입니다만, 방향제 냄새가 너무 진하고 건강에 좋지 않아 천연 방향제를 써 달라 부탁드렸는데, 현재 쓰고 있는 방향제가 천연이라고 답을 주셨었습니다. 제가 말하는 천연은 100% 천연 재료를 말하는 건데요, 현재 화장실에서 쓰는 방향제 제품명, 제조회사, 성분 등을 알려주셨으면 합니다. 제품 이름에 '천연'이란 이름이 쓰였다고 해서, 진짜 천연 제품인 것은 아니라고 생각합니다. 제품 정보 주시면 알아보고 싶습니다.

방향제는 건강에 좋지 않습니다. 특히 1층 여자 화장실은 방향제 냄새가 너무 강합니다. 층별로 차이가 많이 납니다. 일단은 2층처럼 양 조절이라도 해주세요. 가능하다면 없애주시고 커피 가루나 다른 천연 제품 이용을 추천드리고 싶습니다. 도서관 가면 주로 1층에서 책을 읽는데요, 화장실 갈 때마다 곤혹입니다. 번거로우시겠지만, 많은 분들의 건강과 관련된 사항이니 수고 부탁드립니다.

필자는 이 건의 내용을 보면서 지극히 개인적인 취향의 측면이면서 건강 염려증이 많은 분이 아닐까 하는 생각이 들었지만, 어쨌든 도서관 측에서는 방향제 분사 시간을 조정했다는 답변 글과 함께 담당자가 전화로 안내도 하면서 적절히 마무리한 것을 확인했다.

4. 대인관계 스트레스 다루기

대인관계 스트레스 역시 스트레스의 한 측면이기 때문에 앞선 글에서 제안한 방법들을 통해 해소 방안을 모색할 수 있을 것이다. 다만 사람과 사람 사이에 발생하는 갈등으로 인한 스트레스이기 때문에, 이미 잘 알고 있는 내용들이지만 다시금 생각해 보면 해소에 도움이 될 것이다.

① 사람들이 세상을 보는 방식은 모두 다르다. 따라서 내가 아닌 다른 사람이기 때문에 생각이나 마음이 같을 수 없다. 그러니 다르면 그럴 수밖에 없다, 조금이라도 같은 부분이 있다면 그나마 다행이라고 생각하자.

② 같은 실수를 반복하지 않기 위해 복기를 해보는 것은 좋지만, 자신과 상대를 지나치게 탓하는 것은 좋지 않다. 지나간 일은 지나간 대로 의미가 있을 테니 관계 발전의 거름으로

삼도록 하자.

③ 상대방을 배려하고 이해함으로써 갈등을 줄이기 위해서는 역지사지의 태도를 가질 필요가 있다. 입장을 바꾸어 생각해 보면 역할 수행 능력 또한 높아질 수 있다.

④ 갈등은 언제 어디서나 발생할 수 있다. 그러므로 갈등을 차단하려는 노력보다는 적절히 풀어나가려는 접근이 중요하다.

5. 사서를 위한 마음약방

다음에 소개하는 책들은 내 관계 패턴을 돌아보고 개선점을 찾는 데 도움이 되어줄 것이다.

1) 두 사람 / 이보나 흐미엘레프스카 글·그림, 이지원 옮김 / 사계절 / 2008

오래전에 출간된 책이지만 두 사람 간의 관계를 상징적으

로 보여주는 그림과 글 내용이 탁월해, 아직도 독서치료 현장에서 많이 활용되고 있다. 각 장면들을 읽으며 어떤 사람이 떠오르는지, 관계를 맺고 유지하는 것이 왜 어려운지에 대해 생각해 보고, 나아가 개선 방향도 모색해 보기 바란다. 두 사람이 함께 사는 것은 함께여서 더 쉬울 것 같지만, 실상은 함께여서 더 어렵다는 점을 유념하면서.

2) 우정 그림책 / 하이케 팔러 글, 발레리오 비달리 그림,
   김서정 옮김 / 사계절 / 2021

모든 우정은 잠시 지나가든 평생 이어지든 애정으로 끝나든 불신으로 끝나든 구할 가치가 있다. 왜냐하면 모든 만남은 은하수라는 까마득한 별무리, 수많은 별과 수많은 사람들 가운데서 서로를 찾아낸 것이기 때문이다. 기적과도 같은 인연에 대해 생각하며 내 주변의 사람들과의 관계를 되돌아볼 수 있게 도와주는 책이다.

모든 사람들이 맺는 관계의 시작은 가족들로부터다. 왜냐하면 가족은 내가 경험하는 첫 번째 사회이기 때문이며, 그로부터 관계를 형성하고 관계 맺는 방법을 배우기 때문이다. 이 그림책은 재혼으로 한 가족이 된 수연이네의 모습을 통해, 가족 안에서의 기쁨과 고통에 대해서 이야기한다.

두 사람 간 대화가 잘 통한다는 의미로 최근에는 '티키타카'라는 표현을 많이 쓴다. 그런데 이 말은 원래 스페인어(Tiqui-Taca)로, 연속된 여러 개의 삼각형 대형을 유지하는 가운데 좁은 공간에서의 짧은 패스와 빠른 움직임, 강한 압박으로 상대팀을 교란하는 축구 전술을 뜻하는 말이라고 한다. 이 그림책은 탁구대 앞에 마주 선 두 사람이 상대편으로 공을 쳐서 넘기 듯 이야기를 주고받게 되는 관계, 또 다른 사람을 만나면 그에 따라 반복이 되는 관계에 대한 이야기를 한다. 부디 랠리가 짧더라도 잘 통할 수 있기를, 소통이 잘 되어 보다

긴 랠리를 할 수 있기를 바라면서. 만약 그럴 수 있다면 두 사람의 관계는 조금 더 단단해질 것이다.

5) 귀 / 피레트 라우드 글·그림, 신형건 옮김 / 보물창고 / 2021

어느 날 아침, 잠에서 깨었는데 머리가 떠나버려 혼자 남은 귀. 귀는 머리가 없는 사람에게 자신이 필요 없을 거라 생각하며, 어디로 가야 할지, 어떻게 해야 할지 고민에 빠진다. 그때 무겁고 우울한 마음을 가진 개구리를 만나면서 그저 귀 기울여 들어 주는 것이야말로 자신이 갖고 있는 최대의 능력이라는 점을 발견한다. 마침 그런 소문이 퍼지자 여러 동물들이 찾아오고, 그들은 귀 덕분에 위안과 평온을 얻게 된다. 또한 귀 역시도 머리를 생각하지 않고 자신의 행복을 찾는다.

이 그림책을 선정해 추천하고 싶었던 이유는, 이런 귀가 누구에게나 필요하다고 생각했기 때문이다. 물론 누군가 먼저 그런 귀를 갖고 다가와 내 이야기를 들어준다면 더 좋겠으나, 관계 및 소통은 결국 서로 함께 노력해야 하므로 나 자신의 모습도 다시금 살펴봤으면 하는 마음이다.

6) 올리브와 레앙드르 / 알렉스 쿠소 글, 자니크 코트 그림,
윤경희 옮김 / 창비 / 2021

아주아주 외로웠던 어느 날

저 멀리 북쪽에 사는 곰 한 마리가 남쪽으로 떠났습니다.

같은 날 저 멀리 남쪽에 사는 문어 한 마리도 북쪽으로 떠났습니다.

곰도 문어도 누군가와 함께 있기를 바랐어요.

다른 세상에 가보고 싶었답니다.

이렇게 누군가와 함께 있기를, 다른 세상에 가보고 싶은 바람으로 길을 떠난 곰과 문어, 그런데 그 둘의 만남과 여정 속에는 너무나 많은 방해물들이 있다. 그럼에도 계속되는 시도와 인내, 나아가 포용과 희망으로 서로를 향하는 이야기는, 관계를 통한 성장이라는 감동적 메시지를 남겨준다.

7) 대혼란 / 키티 크라우더 글·그림, 이주희 옮김 / 논장 / 2021

여유로운 생활을 즐기며 정리할 짬을 못 내는 에밀리엔, 반

대로 지나치게 정리정돈을 하는 실바니아, 그리고 또 한 명의 친구 미크. 그들의 삶은 나름대로 정돈되어 있다. 그러나 다른 친구의 눈에는 그것이 부족하거나 거슬린다. 과연 내 삶을 다른 사람의 기준에 맞추어야 하는 걸까? 과연 그는 내 삶을 평가할 수 있는 사람인가? 관계 속에서 많이 겪는 다름에서 오는 갈등을 다룬 그림책이다.

8) 직선과 곡선 / 데보라 보그릭 글, 피아 발렌티니스 그림,
송다인 옮김 / 브와포레 / 2021

이 세상은 수없이 많은 직선과 곡선으로 이루어져 있다. 사람들 중에도 직선과 같이 곧으면서도 빠름을 지향하는 이가 있고, 곡선과 같이 부드러우면서 느림을 추구하는 이도 있다. 그렇다면 그중에서 어느 쪽이 더 가치가 높을까? 그래서 어느 쪽을 더 강조해야 할까? 내 생각에 정답은 그 어느 쪽도 더 우세하지 않기 때문에 양쪽이 공존해야 한다. 그래서 함께 어우러지며 더 멋진 공간을 만들어 내야 한다. 직선과 곡선처럼 서로 다름이 파국을 불러오는 것이 아니라, 서로의 가치를 존중하고 보완해 가며 아름다운 세상을 만들어 가기를 바라는

마음에 선정한 그림책이다.

9) 뉴욕도서관으로 온 엉뚱한 질문들 / 뉴욕공공도서관 지음, 배리 블리트 그림, 이승민 옮김 / 정은문고 / 2020

뉴욕공공도서관 창고에서 발견된 오래된 질문 상자, 그 안에 담긴 1940년대부터 1980년대 후반까지의 뉴욕도서관 이용자들의 질문들, 이 책은 그 질문들 가운데 106개를 추려 사서들의 답변을 정리한 것이다. 도서관 사서들이 겪는 대인관계 스트레스 요인에는 반드시 이용자들이 포함되어 있다. 그러나 사서들은 도서관 서비스를 수행하는 입장이기 때문에, 때로는 전문성에 입각해, 때로는 유머를 바탕으로 그 상황을 현명하게 헤쳐 나갈 필요가 있다. 이 책에 소개된 매력적인 사서들로부터 힌트를 얻기 바란다.

10) 관계를 읽는 시간 / 문요한 지음 / 더퀘스트 / 2018

상대와 거리가 가까워지면 전혀 의도하지 않았어도 상처를 주고받을 수 있는 것이 인간관계의 본질이다. 따라서 서로의 차이를 받아들이고 관계마다 건강한 거리를 찾아 유지하는 것이 필요하다. 이 책은 내가 갖고 있는 관계의 틀을 알고 바꿀 수 있는 방안을 제시해 준다.

11) 나는 독이 되는 관계를 끝내기로 했다 / 마리옹 블리크 지음, 조민영 옮김 / 한빛비즈 / 2021

이 책의 저자는 활기가 없고 불안의 신호가 뒤따르며, 갈등, 위기, 말다툼이 증가하고 불편함이 수반되며, 함정에 빠진 것 같다는 느낌이 들고 혼란스러우며, 당황스러워서 누가 옳고 그른지 제대로 분간하지 못하는 상황 등에 빠져 있다면, 이것이 바로 독이 되는 관계라고 말한다. 더불어 이런 관계는 죄책감과 막막함, 수치심을 유발시키고, 덫에 걸린 듯, 감옥에 갇힌 듯 점차 무기력하게 만들기 때문에, 내 삶의 즐거움을 위해서라도 서둘러 정리할 필요가 있다고 말한다. 따라서 이 책은 소모적인 인간관계를 끝내고 싶은 이들에게 추천하고 싶다.

아홉 번째
처방전

사회적 인식에 따른 우울감 해소

1. 도서관 사서의 전문성

현대 사회는 점점 세분화 및 전문화가 되어 가고 있다. 따라서 각 분야에서 전문적인 서비스를 담당할 수 있는 전문가들이 요구되고 있다. 각 분야의 전문직(professions)들은 사회의 중심적 가치와 관련이 깊은 제 문제에 대해 일련의 체계적 지식과 경험을 응용하고, 그 과정을 통해 숙련성과 전문성을 인정받는다.[44]

---

44) 임성관. 2017. 주제전문사서로서의 정신보건사서 양성 교육과정 개발. 『한국도서관·정보학회지』, 48(4): 259-282.

사서는 도서관 이용자와 그들이 요구하는 정보를 연결하는 중간 안내자로서, 다양하고 전문적인 질의응답을 기반으로 정보서비스를 수행한다. 이러한 역할은 한국표준직업분류(KSCO)에서 사서를 '장서, 정기간행물, 기록문헌 등을 체계적으로 정리하여 도서관 이용자에게 제공하며, 장서의 취득, 분류, 목록작성 및 진열 등의 업무를 수행하는 자를 말한다.'라고 설명하면서, '전문가 및 관련 종사자'[45]로 대분류하고 있는 면에서도 확인할 수 있다. 하지만 사서들은 스스로 전문직의 바탕이 되는 지식의 독점성 혹은 배타성 수준이 약하다고 여기고 있으며, 사회적으로도 전문직으로서 타 직종에 비해 그 인식 정도가 낮은 경향이 있다.[46]

그동안 한국에서의 사서직은 문헌정보학적 지식 기반, 체계적 양성 과정, 국가 공인 자격증 제도, 전문 단체의 설립, 직업윤리 제정 등 전문직의 외형적 특성을 갖추는 노력을 해왔다. 또한 사서직은 국가직업표준분류표상 전문직으로 분류되

---

45) 통계청. 2007. 한국표준직업분류(KSCO). [online]. [cited 2021. 6. 21]. https://kssc.kostat.go.kr:8443/ksscNew_web/index.jsp.

46) 이제환. 2003. 전문직 이론을 통해 본 사서직의 전문성. 『한국문헌정보학회지』, 37(2): 57-87.

어 있고, 그에 따른 지식과 기술을 습득하기 위해 일정 기간의 양성 과정을 거쳐, 도서관이라는 배타적 관할권도 확보했다. 그럼에도 현실에서 경험하는 사서직에 대한 사회구성원들의 인식은 매우 낮고, 그로 인해 사서들조차 자신의 직업적 전문성에 회의를 품고 있다는 연구들이 계속 나오고 있다.[47]

또한 4차 산업혁명이 도래하면서 사서직은 점차 사라질 가능성이 높은 직업군으로 분류가 되어 있고, 근래에는 사서 자격증을 짧은 기간 내 취득할 수 있는 양성 과정도 많아지면서 이미 오래전부터 도서관계에 던져졌던 화두가 다시 고개를 드는 양상이다. 도서관 사서는 전문직인가? 사회구성원들의 인식은 차치하고 사서로 근무를 하고 있는 나 자신은 분명 전문직이라고 생각하고 있는가? 만약 전문직이라고 생각하고 있다면 그를 뒷받침할 만한 업무를 하고 있는가?

---

47) 이호신. 2012. 『주제전문사서의 직업정체성에 관한 내러티브 탐구』. 박사학위논문. 성균관대학교 대학원.

2. 사서로, 살다

2020년 2월, 카카오에서 제공하는 콘텐츠 퍼블리싱 플랫 폼인 '브런치(brunch)' 내 매거진 코너[48]를 통해 사서 인식 개선 프로젝트를 위해 뭉친 '사서로, 살다' 팀의 이야기를 읽은 적이 있다. 스스로를 '도서관계의 고삐 풀린 망아지들'이라고 소개한다는 그들은, 사서라는 직업이 어떤 일을 하는지 모르는 사람들을 위해, 더불어 책을 좋아하는 사람들이 사서가 된다거나 편한 직업이라 여기는 등 오해를 하고 있는 사람들의 인식을 개선하고, 나아가 비슷한 고민을 하고 있는 동종 업계 종사자들과의 소통을 위해 2017년부터 개인 단위로 이 프로젝트를 시작했다고 한다.

그들의 활동은 '행복북구문화재단 블로그'[49]를 통해 보다 상세히 확인할 수 있었는데, 사서의 하루를 담은 인포그래픽 제작, 다양한 성격의 도서관에서 일하며 경력 또한 제각각인

---

48) brunch. 2020. 청년시민발견 모임트랙 '사서로, 살다'. [online]. [cited 2021. 6. 21]. https://brunch.co.kr/@youthzone-sb/6.

49) 행복북구문화재단 블로그. 2019. 사서로 살다, 살아가다, 살아남다. [online]. [cited 2021. 6. 21]. https://blog.naver.com/bukguarts /221499884151.

사서들의 인터뷰를 비롯하여, 그저 도서관 밖에서 책을 읽어주면 어떨까 하는 생각으로 진행한 그림책 버스킹, 사서 인식 개선을 위한 굿즈 제작과 크라우드 펀딩, 사서 배치 현황 정보 공개 청구 등 그야말로 실험적인 시도들이 다양했다. 다음은 '사서로, 살다' 팀이 제작해 배포한 '사서의 하루'라는 제목의 인포그래픽으로, 도서관 사서가 어떤 일을 하고 있는가에 대해 간결하면서도 상세히 정리되어 있다.

이상과 같은 그들의 활동이 사서들에 대한 사회적 인식 개선에 얼마나 긍정적 영향을 끼쳤는가에 대해서는 당장 확인할 수 없다. 하지만 분명 그들의 생각처럼 아주 작은 변화라도 불러일으켰을 것이 분명하다. 또한 사회구성원들의 인식 개선 이전에 사서들끼리 만나 고민을 나누고 있다는 것만으로도 이미 그들의 전문성은 향상되었을 것이며, 구성원들이 행복함을 느끼며 신나게 다음 활동을 기획하고 있다고 하니 향후 그들의 역량이 어디까지 증진될지, 나아가 사회적 인식 변화에 얼마나 큰 기여를 할 것인지 기대해 볼 필요가 있다. 그야말로 사서로 살고 있고, 살아내기 위한 노력을 치열하게 하고 있으니 말이다. 부디 도서관계에 고삐 풀린 망아지들이 더 많아지기를 바란다.

#사서_인식개선프로젝트_제1탄

도서관의 그 사람 하루 종일 뭘 할까?

사서의 하루

운영계획 수립

운영 비전·철학 설계
직원 업무분장 조율
도서관 운영 평가

예산 수립
1년 예산 구성
예산 분배
예산 지출 관리

행정·통계
운영 통계 작성
관내 인력 관리
공문 기안 작성

시설관리
도서관 비품관리
도서관 시설 개선
전산·환경 전반

LIBRARIAN'S COMMENTS

"저는 도서관 예산을 사무관리비, 행사운영비, 재물구입비 등으로 나누고
필요한 물건을 점검해 내년 도서관 예산안을 작성합니다."

"저는 장난감도서관 사서로, 연 400만 원의 장난감 구입비를 진행하고
장난감 대출반납·소독·관리 업무를 하고 있습니다."

장서 개발

장서점검·소장자료 분석   연체자료 관리
대출반납 통계   컬렉션 개발
보존·폐기 처리   정기간행물 선정

도서 구입
연간 장서개발지침 개발
자료 구입: 책, DVD, CD, 잡지 등
도서 심의·검수

자료 정리
구입·입수 도서 검수
도서 목록 작업
자료 장비 작업

LIBRARIAN'S COMMENTS

"수서(도서 선정 및 구입)는 매월 진행하고 있습니다.
신간을 우선으로, 시립어린이도서관과 교과연계 도서 목록등을 참고합니다."

"장서의 특성상 이용보다는 보존에 초점을 맞추어, 대출은 불가하되 열람은 가능합니다.
이를 보완하려 자료를 스캔하고 원문 파일을 만들어,
홈페이지에서 볼 수 있도록 합니다."

프로그램

프로그램 기획·운영 작가와의 만남 등
각종 공모사업 기획

도서관·프로그램 홍보
홈페이지 운영   행사·프로그램 포스터 제작
SNS 채널 운영: 트위터, 페이스북, 카톡플러스친구 등
도서관 협력 주체 발굴

LIBRARIAN'S COMMENTS

"자료실에서 운영되는 프로그램은 북스타트 책놀이,
저학년 대상 책읽기 프로그램, 토요 어린이 영화상영 등이 있습니다."

"홍보에 필요한 현수막, 엑스배너, 홈페이지 팝업 등을 만듭니다
도서관에 있는 각종 게시물도 직접 제작합니다."

"저희 도서관에서는 놀이교실이라는 도서관 프로그램도 운영하고 있는데요.
이에 더해 매주 도서관 견학과 행사를 준비하며 일합니다."

자료실 운영

운영통계 작성   자료실 시설·환경관리
자료실 이용안내   보조인력 관리
회원가입·회원증 발급   이용자 분석

대출반납
대출·반납
상호대차 운영
예약·희망도서 처리

정보서비스
이용자 응대
정보문제해결
참고서비스

열람자료활용
장서 컬렉션 개발
자료 재가공
책 보수·훼손도서 처리

자료실 프로그램
도서관 견학 진행
자원활동가 조직
독서동아리 활동

— 사서로, 살다 —

3. 사회적 인식에 따른 우울감 해소

　우울감은 근심스럽거나 답답하여 활기가 없으며 기분이 언짢은 느낌 또는 반성을 하게 되는 가벼운 정도의 슬픈 감정으로, 날씨가 흐리거나 비가 내리는 날에도 느낄 수 있는 등 대부분의 사람들이 흔히 겪을 수 있는 상태를 말한다.

　도서관에서 근무를 하다 보면 내적·외적 요인들로 인해 우울감이 느껴질 때가 있을 텐데, 이런 감정이 오래 지속되어 생활에 지장을 줄 정도가 되면 우울증으로 발전할 수 있다. 따라서 가능한 빨리 그 감정을 극복하려는 노력을 해야 하며, 유발 요인을 근원적으로 제거하기 위한 방안도 모색해야 한다.

　그러나 이미 형성되어 있는 인식을 순식간에 바꾸기는 어렵다. 그럼에도 인식은 계속 변하는 것이라는 점을 기억하면서 지금까지 그래왔던 것처럼 사서들은 각자의 자리에서 최선을 다할 필요가 있다. 나아가 도서관계 차원에서는 지식의 독점성을 높이고, 자격의 위상을 강화하는 등의 방안 모색과 실천에 따른 결과 도출을 반드시 해낼 필요도 있다.

4. 사서를 위한 마음약방

다음에 소개하는 책들에는 사서들의 전문성이 잘 담겨 있기 때문에, 성찰을 하는 데 도움을 줄 것이다.

> 1) 도서관이 키운 아이 / 칼라 모리스 글, 브래드 스니드 그림,
> 이상희 옮김 / 그린북 / 2019

미국 유타 주에 있는 프로보시립도서관(Provo City Library) 사서로 근무하는 저자가 쓴 첫 번째 그림책으로, 수업이 끝나면 매일 도서관에 오는 아이 멜빈에게 사서 선생님들이 어떤 역할을 해줄 수 있고, 그 결과가 어떻게 나타나는지 보여준다. 따라서 사서의 입장에서 본다면 이용자들을 위해 무엇을 할 것인가에 대해 생각할 수 있는 기회를 줄 것 같아 선정했다.

2) 도서관을 구한 사서 / 마크 앨런 스태머티 글·그림,
   강은슬 옮김 / 미래아이 / 2007

이 책에는 2003년 이라크 전쟁 당시, 바스라 중앙도서관에 소장되어 있는 책의 70%에 달하는 3만 권을 자신의 집과 근처 식당으로 옮겨 지켜낸 사서 알리아의 이야기가 담겨 있다. 도서관과 책을 지켜내기 위해 자신의 목숨까지 내걸었던 주인공의 이야기를 통해 사서로서의 책임감과 자존감을 일깨워주기 위해 선택했다.

3) 사서 빠뜨 / 즈느비에브 빠뜨 지음, 최내경 옮김 / 재미마주 /
   2017

고등학교 졸업 후 파리에서 우연히 알게 된 프랑스 최초의 어린이 도서관인 〈즐거운 시간〉 도서관에서의 연수 경험을 통해, 평생 동안 사서로 일했던 저자 본인의 이야기가 담긴 책이다. 〈책을 통한 즐거움〉 도서관의 창립 멤버였고, 초대 IBBY 프랑스 회장을 역임했으며, 국제도서관협회(IFLA)의 어린이 분과 위원장을 지내기도 한 공로로 2017년에는 프랑스

문화 훈장(Legion d'honneur)을 받은 사서 빠뜨의 이야기를 소개하는 이유는, 의욕을 갖고 즐겁게 일하는 사서의 성장 가능성이 어느 정도인지 보여주고 싶었기 때문이다.

4) 나의 바람 / 톤 텔레헨 글, 잉그리드 고든 그림, 정철우 옮김 / 삐삐북스 / 2021

이 이야기는 그림 작가가 그린 서른세 개의 초상화로부터 시작되었다고 한다. 잉그리드 고든은 각 인물들을 넓은 이마와 미간, 공허한 눈빛과 무표정으로 표현했는데, 정신과 의사이자 시인이며 소설가인 톤 텔레헨이 인물들을 개개인이 하고 있을 생각과 품고 있을 욕망을 글로 풀어냈다고 한다.

아홉 번째 처방을 위해 이 그림책을 선정한 이유는, 독자 여러분들도 거울에 얼굴을 비추어 보면서 내가 사서로 일을 하며 경험한 것은 무엇인지, 그에 따른 감정과 욕구는 어떤 것들이 있는지 스스로 생각해 보기를 바랐기 때문이다. 아마 이 과정은 향후 사회적 인식이 어떻게 바뀌든 내 자신에 대한 믿음을 더 높여줄 것이다.

로카페르페타 마을에는 다양한 사람들이 산다. 그들은 등기소에서 등록증 발급 일을 하고 있는 시쿠리니 씨에 의해 다양한 모습을 갖고 있지만 완벽하게 한 줄로 정의되어 등록되어 있다. 예를 들어, 마리오는 오븐에 감자 굽는 사람, 루치아는 고슴도치 지킴이, 굴리엘모는 양말 수선공과 같이 하는 역할들에 의해서. 따라서 이 마을에서는 등록되지 않으면 있어도 없는 사람이다. 그러던 어느 날 등록되지 않은 초등학생들이 등기소에 찾아오면서, 그동안 타인에 의해 단정 지어진 채 살아갔던 사람들의 마을에는 변화가 생긴다. 과연 누가 어떤 기준에 의해 다른 사람을 판단할 수 있는가? 여전히 사서직을 한직이라고 생각하는 사람들도 있을 것이다. 그러나 그 외 많은 사람들은 시민들에게 더 나은 서비스를 하기 위해 노력하는 전문가로 인식하고 있다. 또한 그런 인식을 쌓아 가야 하는 것도 사서직의 책무 중 하나이기 때문에, 이 그림책을 읽고 의지도 다졌으면 하는 마음에 선정해 보았다.

6) 꽃들의 말 / 장 프랑수아 샤바스 글, 요안나 콘세이요 그림,
김지희 옮김 / 오후의소묘 / 2021

꽃에게 특별한 의미를 부여하여 억압된 감정 등을 표출하는 수단으로 사용하는 문화는 19세기 들어 성행되기 시작했다고 한다. 그 문화는 지금도 이어지고 있어 특별한 순간을 더 의미 있게 만들기 위해 활용되고 있는데, 이 그림책에도 각각의 의미를 지닌 꽃들과 이야기가 소개된다. 그러나 소개된 꽃의 의미나 이야기가 우울감이라는 감정과 모두 연결되어 있지는 않다. 그럼에도 이 그림책을 선정한 이유는 대부분의 사람들이 꽃을 보면 기뻐하기 때문이다. 실물은 아니지만 정말 아름다운 꽃 그림들이 마음을 위로해 주기 바란다.

7) 사서가 바코디언이라뇨 / 김지우 지음 / 부크크 / 2020

이용자들은 도서관에서 목격한 장면들을 통해 사서들의 직무를 짐작한다. 그래서인지 그들이 인식하는 사서들은 이용자가 있을 때 바코드나 찍어주는 사람이었다가, 무인대출반납기가 보편화된 지금은 그 자리에 앉아 무슨 일을 하는지 모

르겠는 사람이 되었다. 이 책은 일반인들에게 도서관이라는 곳과 사서의 직무에 대해 알려주면서, 사서들이 어떤 노력을 해야 하고 도서관이 어떤 방향으로 나아가야 하는가에 대한 방향성도 제시해 준다. 따라서 문헌정보학계의 오랜 숙원인 사서의 전문성에 대한 화두를 던지고 있기 때문에, 함께 읽고 생각을 더해 해결책을 모색해 봤으면 하는 마음에 선정했다.

8) 사서가 말하는 사서 / 이덕주 외 지음 / 부키 / 2012

이 책에는 어린이도서관, 학교도서관, 대학도서관, 공공도서관, 국립중앙도서관, 기업, 방송사, 인터넷 포털, 연구소 자료실 등 다양한 분야에서 활동하고 있거나, 2급 국가공무원, 연구원, 교수, 미국 도서관 등으로 영역을 넓혀 나간 사서 21명의 이야기가 담겨 있다. 이 책을 선정한 이유는 그 누구보다 직업에 대해 자부심을 느끼며 자신의 영역에서 최선을 다하고 있는 이들의 이야기가, 사서로서의 나에 대해 다시 한 번 생각해 볼 기회를 줄 것이라 생각했기 때문이다.

사서를 위한

마음 약방

열 번째
처방전

마음의 근력 회복탄력성

1. 신인류 직장인으로 거듭나기

MBC-TV의 예능 프로그램인 「아무튼 출근」 2021년 6월 22일자 방송에는, 직장에서 한 달 동안의 안식월을 얻어 제주도와 울릉도에서 휴가를 보내고 온 카드 회사 직원 이동수 씨의 이야기가 소개되었다. 그는 4월 20일 방송에서 이미 '일 잘하고 잘 노는' 신인류 직장인으로 소개된 바 있는데, 당시에도 "최대한 정시에 맞춰 출근해서 칼퇴근하는 게 제 삶의 모토", "회사보다 잘 됐으면 하는 건 내 인생"이라고 거침없이 말하고, "언젠간 잘리고, 회사는 망하고, 우리는 죽는다!"라는 좌우명을 인쇄해 컴퓨터 모니터에 붙여 놓은 행동으로 MC들을 놀라게 했다.

회복탄력성에 대한 글을 쓰면서 이 사례를 먼저 떠올린 것은, 도서관을 포함한 모든 직장이 이런 문화를 갖고 있어서 일할 때는 열심히 일하지만 쉴 때는 눈치를 보지 않고 편하게 떠날 수 있다면 번아웃 증후군을 겪는 사람도, 회복탄력성을 키워야 하는 사람도 확연히 줄어들 것 같았기 때문이다. 실제로 이동수 씨는 휴가를 떠난 제주도에서도 회사로부터 연락을 받아 일을 처리할 수밖에 없는 현실적 상황에 처했는데, 그럼에도 스트레스를 받지 않고 그 상황을 즐기는 모습을 보여줌으로써 직장인들에게 쉼이 왜 필요하고 중요한지 생각할 수 있는 기회를 주었다.

2. 번아웃 증후군에 대한 이해

번아웃(burnout)은 심리적·생리적으로 지친 상태를 뜻하는 말로, 일련의 병적 징후가 일관되게 나타나기는 하지만 특정한 병명을 붙이기에는 인과관계가 확실치 않은 현상을 지칭

하는 증후군(syndrome)이라는 단어가 붙어, 번아웃 증후군으로 사용되고 있다.

번아웃 증후군은 감정노동자의 정신적 탈진은 물론이고 직장인들이 느끼는 직무소진을 포괄하는 개념이기 때문에 이미 수십 년 전부터 여러 연구자들에 의해 연구되어 왔지만, 국가마다 서로 다른 문화를 갖고 있고 우울과도 비슷한 맥락이 있어 진단 및 치료에 난관을 겪는 상태였다.

그런데 2018년 6월 18일 세계보건기구는 번아웃 증후군을 '제대로 관리되지 않은 만성 직장 스트레스'로 규정하고, 의학적 질병은 아니지만 제대로 알고 관리해야 하는 직업 관련 증상 중 한 가지로 인정하면서 질병 진단 시에 사용하는 국제질병진단(International Classification of Diseases, ICD)의 새로운 개정판인 ICD-11에 공식적으로 기재하였다. 이는 그동안 표류하고 있던 국제적 합의가 드디어 이루어진 성과라고 할 수 있는데, 다음은 ICD-11에서 제시하고 있는 번아웃 증후군의 진단 기준이다.

1) 에너지 고갈 또는 피로감

2) 자신의 직업과의 정신적 거리의 증가 또는 자신의
   직업과 관련된 부정적인 생각이나 냉소적 느낌 증가

3) 전문적인 작업 효능감 감소

번아웃증후군이 발생하면 만성적인 피로감에 시달리고, 전반적인 위약감과 우울감, 불면증, 예민하면서 쉽게 화를 내거나 어지러움을 느껴 실신할 수도 있다. 또한 집중력과 기억력이 떨어지고, 좌절감과 공포감, 완벽주의적 성격을 보이는 등 강박적 행동을 보일 수도 있으며, 위장 관련 증상으로 인한 설사와 변비, 심혈관계 증상으로 두근거림, 근골격계 증상으로 근육의 긴장과 통증, 뇌신경계 증상으로는 두통이나 이명도 나타날 수 있다.

따라서 예방을 위한 생활습관을 갖출 필요가 있는데, 가장 먼저 스트레스를 받지 않아야 하고 만약 스트레스 상황이 발생했다면 편하게 쉴 수 있는 공간과 시간을 마련할 필요가 있다. 또한 충분한 영양 섭취를 위해 음식을 골고루 먹고, 비타민이나 마그네슘, 기타 미네랄 등의 보조제를 복용하는 것도 권장되고 있으며, 운동은 무리가 가지 않는 선에서 실천할 필요가 있다.

3. 회복탄력성 높이기

회복탄력성(resilience)은 '제자리로 돌아오는 힘'을 일컫는 말로, 심리학에서는 주로 시련이나 고난을 이겨내는 긍정적인 힘을 의미하는 말로 쓰인다. 따라서 앞서 살펴본 번아웃 증후군을 예방 및 극복하기 위한 방안들을 한 마디로 압축하면 회복탄력성을 기르기 위한 전략이라고도 할 수 있다. 다음은 김주환(2011)[50]이 정리한 회복탄력성의 3가지 하위 요인에 대한 설명을 요약한 것이다.

1) 자기조절능력

회복탄력성을 구성하는 첫 번째 요소인 자기조절능력이란 스스로의 감정을 인식하고 조절하는 능력이다. 이는 역경을 성공적으로 극복해 내는 사람들의 공통적인 특징이기도 하다.

① **감정조절력** : 부정적 감정을 통제하고 긍정적 감정과 건강한 도전의식을 불러일으키는 능력으로, 회복탄력성이 높은 사람들은 압박과 스트레스 상황에서도 평온함을 유지할 수

---

50) 김주환. 2011. 『회복탄력성 – 시련을 행운으로 바꾸는 유쾌한 비밀』. 서울: 위즈덤하우스.

있고, 스스로의 감정과 주의력, 행동을 통제할 수 있다.

② **충동통제력** : 기분에 휩쓸리는 충동적 반응을 억제하고, 자신의 동기를 스스로 부여 및 조절할 수 있는 능력이다. 고통을 참기보다는 오히려 즐기고 승화시키는 마음의 힘이기 때문에 단순한 인내력과는 구분된다.

③ **원인분석력** : 자신이 처한 상황을 객관적이고도 정확하게 파악해서 대처 방안을 찾아내는 능력이다.

2) 대인관계능력

회복탄력성이 높은 사람들은 뛰어난 사회성을 지닌 경우가 많다. 왜냐하면 역경을 이겨내기 위해서는 개인의 내부 자원뿐만이 아니라 사회적 지지가 필요한 경우도 있기 때문이다. 따라서 주변 사람들과 관계를 잘 맺는 능력은 사회적 지지망을 두루 확보해 놓은 것이라 할 수 있다.

① **소통능력** : 관계는 소통에 의해서 형성 및 유지된다. 그렇기 때문에 소통능력은 관계를 진지하게 맺고 오래도록 유지하는 능력이라고 할 수 있다.

② **공감능력** : 공감능력은 다른 사람의 심리나 감정 상태를 잘 읽어낼 수 있는 능력으로, 회복탄력성에 대해 연구한 학자들이 공통적으로 언급한 구성 요소이다. 실제로 회복탄력성이 높은 사람들은 공감능력을 내적 자원으로 갖고 있는 경우가 많다.

③ **자아확장력** : 자아확장력이란 자기 자신이 다른 사람과 연결되어 있다고 느끼는 정도를 뜻한다. 따라서 이 능력이 높은 사람은 자아 개념 속에 타인과의 관계에 대한 전제가 깊이 내재되어 있기 때문에 친밀한 관계를 형성할 수 있다.

3) 긍정성

회복탄력성이 높은 사람들은 미래에 좋은 일이 일어날 것이라는 긍정적 기대감을 갖고 있다.

① **자아낙관성** : 낙관적인 사람들은 역경에 처했을 때에도 파괴적인 생각이나 말 대신 긍정적이고 희망적인 자세를 갖고 현실을 극복해 나간다.

② **생활만족도** : 생활만족도는 자신이 원하는 삶의 모습에 얼

마나 근접해 있는가에 대해 판단하는 주관적 감정으로, 삶이 행복하다고 여기는 사람들은 문제 해결을 잘하는 등 더 나은 수행능력을 발휘하는 특징이 있다.

③ **감사하기** : 감사하기는 회복탄력성이 높은 사람들이 갖고 있는 요소이기도 하지만, 회복탄력성을 높이기 위한 방법 중 한 가지이기도 하다. 왜냐하면 감사하기는 뇌를 긍정적으로 바꾸어줌으로써 결국 회복탄력성을 높이는데 기여하기 때문이다.

4. 사서를 위한 마음약방

다음에 소개하는 책들은 마음의 근력인 회복탄력성을 높이는 데 도움이 되어줄 것이다.

1) 홈런을 한 번도 쳐 보지 못한 너에게 /
하세가와 슈헤이 글·그림, 김소연 옮김 / 천개의바람 / 2021

야구 소년 루이의 꿈은 홈런을 쳐보는 것이다. 그러나 홈런을 친다는 것은 쉽지 않은 일, 따라서 안타를 열심히 치면서 언젠가는 꿈을 이룰 것이라 믿으며 계속 도전을 해야 한다. 연이은 실패에도 포기하지 않고 계속 나아가려면 회복탄력성이 필요하고, 결국 그 과정의 끝에서는 꿈을 이룬 모습을 발견하게 될 것이라는 점을 알려주는 그림책이다.

2) 가드를 올리고 / 고정순 그림책 / 만만한책방 / 2017

사각의 링 위에 서 있는 권투선수는 상대를 쓰러트리지 못하면 자신이 패하는 숙명을 갖고 있다. 따라서 외롭고 두려우며 때때로 모든 것을 포기하고 싶겠지만, 혼자만의 힘으로 그 역경들을 헤쳐 나가야 한다. 왜냐하면 그렇게 다시 일어서면 정상에 닿을 수 있고 시원한 바람도 느낄 수 있을 테니까. 한 사람이 겪는 삶의 여정을 등산과 권투 경기에 빗대어 비유적으로 표현하고 있는 그림책으로, 그럼에도 다시 일어설 수 있는 용기와 힘이 필요함을 일깨워 주고 있어 선정했다.

내가 살고 있는 집이 가장 편안한 곳은 맞지만, 여행이 주는 설렘이 있다. 따라서 사람들은 어느 정도의 불편을 감수하고 여행을 떠난다. 이 그림책에는 베네치아 산 마르코 대성당, 로마 바티칸 미술관, 메테오라의 수도원 등 누구나 한 번쯤 가보고 싶어 하는 여행지에서 보낸 시간들이 담겨 있다. 낯선 곳에 가면 나에게 조금 더 집중할 수 있는, 그럼으로써 나를 조금 더 채울 수 있는 기회가 주어진다고 한다. 따라서 여행은 회복을 위한 방법이 될 수 있기에, 이 그림책을 읽으며 여행의 기억을 떠올리고 또 어디론가 떠나기 위한 계획을 세웠으면 하는 마음에 소개한다.

문은 많은 것들의 경계이다. 따라서 문이 얼마나 큰가, 얼마나 많은가, 어느 정도나 열고 있는가 혹은 열 수 있는가에 따라 다른 범위가 정해진다. 내 집과 사회를 구분 짓는 문, 문을 열고 밖으로 나가면 예측하기 어려운 삶과 마주한다. 여러 개의 문이 있어도 결국 선택은 하나, 그에 따라 다른 결과가 따라오기도 한다. 그래서 어떨 때는 집 밖으로 나가고 싶지 않을 수도 있다. 문을 열고 싶지 않을 때도 있다. 그러나 그 두려움을 이겨내고 문을 열어야 새로운 세상을 만날 수 있다. 이 그림책은 인생의 순간순간마다 만날 수밖에 없는 문들이 결국, 내 하루를, 내 인생을 만들어 준다는 메시지를 전해주고 있다.

> 5) 순간 수집가 / 크빈트 부흐홀츠 글·그림, 이옥용 옮김 /
> 보물창고 / 2021

글쓰기 치료 기법 가운데 '순간 포착'이라는 것이 있다. 제목 그대로 어떤 한 순간을 떠올려 글로 표현하는 것인데, 그 순간은 가장 기뻤거나 아니면 반대로 슬펐거나, 혹은 인생의 전환점이 되었던 때일 수 있다. 이 그림책은 작가의 순간 포착으로, 낯선 풍경들일지라도 독자들을 자신의 기억 속 어딘가로 안내하는 힘이 있다. 따라서 상처받은 마음의 회복을 위해 가장 행복했던 때를 떠올릴 수 있기를 바라는 마음에 선정했다.

빠른 배송을 위해 트럭을 타고 매일 산을 넘던 배달부, 오늘은 갑자기 속이 좋지 않아 트럭을 세워 두고 사람들이 볼 수 없는 숲속으로 들어간다. 그런데 급한 용무를 처리하고 나오려는 순간 나가는 길을 잃어 점점 더 깊은 숲속으로 들어가게 되고, 그렇게 숲에 머무는 시간이 길어지면서 배달부에게 변화가 생기기 시작한다. 과연 그에게 생긴 변화는 무엇이며, 숲은 어떤 역할을 한 것일까? 내게도 변화가 필요하다면 마치 낯선 곳으로 여행을 떠나는 것처럼, 길을 잃어보는 것, 일상적인 것들로부터 벗어나 볼 필요성에 대해 말해주고 있는 그림책이다.

노릇노릇

알맞게 구워진 빵은

기분 좋은

열기를 내뿜습니다.

휴가를 다녀온
내 몸에서도
고소한 빵 냄새가 납니다.

그 노오란 내음이
사라질 때쯤
다시 휴가를 꿈꿉니다.

열심히 일한 사람들이 누릴 수 있는 특권인 휴가, 하지만
그 시간을 보내면서 지친 몸과 마음을 달래는 방법은 저마다
다르다. 오늘도 힘든 하루를 보낸 사람들에게 휴가 가고 싶은
마음과 그 의미를 떠올리게 하는 그림책이다.

8) 하버드 회복탄력성 수업 / 게일 가젤 지음, 손현선 옮김 /
현대지성 / 2021

이 책의 저자는 '의사들의 의사'라고 불린다고 한다. 그 이

유는 극심한 스트레스와 우울증, 번아웃에 빠진 500명이 넘는 의사들을 상대로 회복탄력성 원리를 적용해 놀라운 효과를 거두었기 때문이다. 저자는 이 책을 통해 회복탄력성을 위해 필요한 마음 근육을 대인관계, 유연성, 끈기, 자기조절, 긍정성, 자기 돌봄의 6가지 키워드로 정리하고, 명상, 뇌 과학, 긍정심리학, 감성지능 등을 활용한 18가지 회복탄력성 훈련법을 상담 사례와 함께 제시해, 독자들이 자신의 상황에 접목시킬 수 있도록 안내한다.

9) 회복탄력성 / 다이앤 L. 쿠투 외 지음, 김수미 옮김 /
21세기북스 / 2018

이 책은 '직장에서 어떻게 인간적으로 일할 수 있는가'를 주제로 세계적인 비즈니스 전문지 「하버드 비즈니스 리뷰(Harvard Business Review)」에 실린 인기 칼럼을 엮은 것 중 한 권으로, 어려움을 이겨내고 재기한 사람들의 사례를 통해 직장생활에서 회복탄력성을 기르는 법에 대해 안내한다.

이 책에는 '매일 써야 하는 당신을 위한 365일의 회복탄력
성 강화'라는 부제가 있다. 따라서 글 쓰는 사람들에게 필요
한 회복탄력성에 대한 이야기임을 알 수 있으나, 버지니아 울
프, 어니스트 헤밍웨이, 스티븐 킹, 토니 모리슨, 조앤 K. 롤
링과 같은 작가들 및 예술가, 심리학자, 철학자, 저널리스트
등이 건네는 명언과 함께 명상, 숨쉬기 훈련, 요가 연습, 스트
레스를 다루는 법, 스트레스 완화 훈련, 수면 활동과 식습관
돌보는 법 등을 안내해 주고 있기 때문에 타 직종에 종사하는
사람들에게도 도움이 될 것 같아 선택했다. 만약 이 책을 읽
고 하루 생활을 정리하는 일기도 쓸 수 있다면, 글쓰기 치료
적 효과가 더해질 것이다.

사서를 위한

마음 약방

열한 번째
처방전

자아존중감

1. 자아존중감의 개념

자아존중감(自我尊重感, Self-Esteem)이란 자아 개념에 대한 주관적 평가의 측면으로, 자신이 사랑받을 만한 가치가 있는 소중한 존재이고 어떤 성과를 이루어낼 만한 유능한 사람이라고 믿는 감정과 그러한 판단을 뜻한다. '저 잘난 맛에 산다'라는 말은 사람은 누구나 자기 자신이 남보다 뛰어나고 훌륭하다고 생각하며 산다는 뜻으로 자아존중감에 대한 우리나라식 표현이라고 할 수 있는데, 이와 같은 자신에 대한 만족도는 특정 문제나 상황에 대한 태도와 대처 행동으로 이어지기 때문에 매우 중요하다고 할 수 있다.

때때로 자아존중감이라는 단어는 자존심이나 자부심과 같은 의미처럼 사용되기도 한다. 그러나 자존심은 상대방과의 평가를 통해 자기만족감을 얻는 상황을 뜻하는 말이고, 자부심은 자신의 능력이나 노력에 의해 좋은 성과를 얻었을 때 나타나는 일시적 자기만족감을 뜻한다. 따라서 상황과 관계없이 스스로에 대한 확고한 존중이 일생 동안 이어지는 자아존중감과는 분명 다른 개념이기 때문에 구분 지어 적확하게 사용할 필요가 있다.

그렇다면 어떤 한 사람의 자아존중감이 높은가 혹은 낮은가에 대해서는 어떻게 평가를 할까? 일반적으로 자아존중감은 '가치', '능력', '통제'의 세 차원을 중심으로 평가하는데, 각각의 내용은 다음과 같다.

우선 '가치'는 대상과의 관계에 의해 지니게 되는 중요성으로, 다른 사람들이 나를 꼭 필요한 사람이라고 여긴다면 가치가 높다고 할 수 있겠다. 따라서 내 가치가 높은가의 여부는 다른 사람들에게 평가를 받는 것이 더욱 정확하겠으나, 그동안의 경험들을 바탕으로 주관적인 판단에 의해 결정된다. 이어서 '능력'은 나에게 맡겨진 과제나 내가 정한 목표를 완수하고 성취할 수 있다고 생각하는 믿음으로, 그동안 달성한 업적과 현재 담당하고 있는 일들의 범위나 내용들이 이를 뒷받침할 수 있다. 마지막으로 '통제'는 내가 주변에서 벌어지는 상황에 영향을 미칠 수 있고 통제할 수도 있다고 느끼고 믿는 정도로, 권위나 권한의 양과 범위를 통해 확인할 수 있다.

Leary 등(1995)[51]은 인간이 사회적인 동물이기에 다른 사람들에게서 배척당하지 않기 위한 적응적인 수단으로 자아존중감이 생겨났으며, 다른 사람한테 내가 배척당할 가능성이 얼마나 되는가에 따라 자아존중감이 달라진다고 보았다. 즉, 자아존중감이 높은 사람은 자신들이 거절당하거나 배척당할 가능성이 매우 낮다는 것을 알기 때문에 타인의 이목에 신경 쓰지 않고 나 자신을 중요하게 생각한다. 반면 자아존중감이 낮은 사람은 타인에게 거절이나 배척을 당할 가능성이 높다고 인지하기 때문에 자아존중감이 낮아지고 결국 나 자신이 무엇을 원하고 할 수 있는가보다 남이 나를 어떻게 생각할 것인가에 더 민감하다는 것이다.

---

51) Leary, Mark R., Schreindorfer, Lisa S. & Haupt, Alison L. 1995. The Role of Low Self-Esteem in Emotional and Behavioral Problems: Why is Low Self-Esteem Dysfunctional? *Journal of Social and Clinical Psychology*, 14(3): 297-31.

2. 자아존중감 점검

다음의 점검표는 자아존중감의 평가 요소인 가치, 능력, 통제 세 가지와, 그것을 종합한 측면을 각각 100점 만점으로 자가 측정해 볼 수 있도록 만든 것이다. 요소별로 해당 점수까지 선을 그어도 되고 색을 칠해도 되는데, 더 중요한 점은 왜 그 점수를 주었는지 생각을 해보는 것이다.

〈자아존중감 점검표〉

가치										
능력										
통제										
종합										
영역／점수	10	20	30	40	50	60	70	80	90	100

3. 자아존중감 높이기

미국의 심리학자인 매슬로우(Abraham H. Maslow)는 인본주의 심리학의 근거가 된 욕구 위계설을 주장했다. 그의 주장에 따르면 인간의 행동은 욕구에 바탕을 둔 동기에 의해 유발되고, 하위 단계의 욕구가 충족되어야만 상위의 욕구로 나아갈 수 있다. 그런데 '자기 존중의 욕구'는 최상위 욕구인 5단계 '자아실현의 욕구' 바로 아래인 4단계에 자리 잡고 있을 만큼 고차원적 욕구이다. 이는 그만큼 자아존중감이 건강한 삶을 위해, 더불어 결국 자아실현을 위해 반드시 필요한 요소라는 것을 뜻한다.

그렇다면 자아존중감은 어떻게 높일 수 있을까? 다음과 같은 방안을 제안해 보려고 한다.

1) 매슬로우가 주장한 욕구 위계설에서 4단계의 자기 존중의 욕구보다 하위에 있는 1단계인 생리적 욕구(생명 유지를 위해 필요한 의·식·주와 같은 기본 욕구), 2단계 안전의 욕구(심신이 안정될 수 있는), 3단계 사회적 욕구(소속을 통해 관계를 형성하는)를 충족시킬 필요가 있다. 왜냐하면 이 단계들이 충족되어야 자기 존

중을 할 수 있는 기반이 형성되기 때문이다.

2) 자아존중감이 낮은 원인을 탐색한다. 결국 자아존중감이 낮은 것은 내 문제이기 때문에 그것을 해결할 수 있는 사람도 나 자신이다. 따라서 어떤 측면들이 자꾸 자신을 움츠러들게 만드는지 차분히 찾아볼 필요가 있다.

3) 욕구를 탐색한다. 여기서 말하는 욕구는 결국 부족하다고 여기는 것을 채우고 싶은 심리 상태를 뜻한다. 따라서 사람들에게 능력 있는 사람, 멋진 사람으로 인정을 받고 싶다 등 내가 바라는 것이 무엇인지에 대해 생각해 봐야 한다.

4) 목표를 설정한다. 자아존중감이 낮은 원인과 욕구를 탐색했다면 그것들을 개선시킬 목표를 설정하고, 달성을 위한 환경 및 의지 등을 개선할 필요가 있다. 이때 목표는 단기간에 도달할 수 있게 설정할 필요가 있으며, 한 단계에 도달하면 그다음 단계로 나아가는 것이 좋다.

5) 능력 계발을 위해 노력한다. 능력은 자아존중감을 구성하는 중요 요소이기 때문에 꾸준히 계발해 나갈 필요가 있다.

평소 관심이 있던 분야에 도전을 해보는 것은 어떨까?

6) 지지자가 될 사람들과 가까이한다. 주변을 둘러보면 그럼에도 나를 사랑해 주는 사람들이 있을 것이다. 그들은 내가 이 험한 세상을 살아낼 수 있는 기본 자원과도 같은 역할을 해주는 중요한 사람들이다. 따라서 긍정적인 관계 유지 및 에너지 충전을 위해서라도 자주 만나 이야기를 나눌 필요가 있다.

7) 감사 일기를 쓴다. 매사에 감사하는 마음을 갖는 것은 자신의 삶을 사랑해야 가능하다. 그러므로 하루 일과를 정리하며 후회할 일들만 가득한 날이었더라도 살아 있음에, 또 다를 내일이 있음에 감사하며 일기를 쓴다면 도움이 될 것이다.

4. 사서를 위한 마음약방

다음에 소개하는 책들은 자아존중감을 높이는 데 도움이 될 것이다. 독서를 하는 시간 동안 충분히 사랑스럽고 존중받아 마땅할 나를 보듬는 기회로 삼기를 바란다.

사람의 일생을 1년 안에 피고 지는 꽃이라고 가정한다면, 나는 과연 어떤 꽃일까? 만개할 시간을 기다리며 준비를 하다가 모양, 색깔, 향기로 나비와 벌을 유혹해 보기도 하고, 결국 씨앗만을 남긴 채 스러져 가는 한해살이 식물. 분명 사람이 꽃보다 아름다운 것이 사실이지만, 사람을 꽃 외에 더 아름다운 것들, 더 오래 사는 것들, 더 가치 있는 것들에 비유할 수 있지만, 잠시나마 내 존재 가치를 잊고 있는 사람들을 마음을 채워줄 그림책이라 선정해 보았다.

이 책의 주인공은 이사를 온 집에서 구멍을 발견한다. 그것은 주인공이 발에 걸려 넘어지게 만드는 등 계속 움직이는데, 보다 정확하게 말하면 그가 있는 곳에서 항상 발견이 된다. 결국 주인공은 그것이 무엇인지 명확히 규명하기 위해 상자에 담아 연구소에 가져다주는데, 구멍은 돌아오는 길과 도착한 집에서도 계속 발견된다.

이 그림책의 소재인 구멍은 무엇을 의미할까? 독자들에게 주어진 권한인 자유로운 해석을 해보자면, 이 구멍은 주인공이 갖고 있는 단점(결점 혹은 약점)을 비유적으로 표현한 것이 아닐까 생각된다. 비록 이야기 속에서는 끝내 그 원인이 무엇인지 밝혀지지는 않았기 때문에 아쉽지만, 해결을 위한 노력을 시작했기 때문에 곧 장점으로 바꿀 수 있거나 그 또한 자신의 한 면으로 수용할 수 있을 것이다. 내게도 단점으로 여겨지는 구멍이 있다면 그것을 어떻게 메울 것인가에 대해 생각해 볼 수 있기를 바라며 선정한 그림책이다.

3) 나무의 시간 / 이혜란 글·그림 / 곰곰 / 2021

앙상하고 구부정해서 사람들의 관심을 받지 못했던 어린 나무, 드디어 그 나무도 자리를 잡고 겨울부터 가을까지, 또 겨울부터 가을까지 수십 번의 계절이 도는 동안 밑동이 굵어지고 껍질이 터지도록 자랐지만, 가지 끝에 달린 열매는 아직도 보잘 것이 없다. 그러던 어느 날, 나무는 바람으로부터 "너는 천년을 사는 나무란다."라는 말을 듣게 된다.

100년을 겨우 살아내는 사람들에게 그 열 배인 1,000년이라는 시간은 감히 상상할 수 없는 경지이다. 그런데 앙상하고 구부정했던 나무는 조용하지만 열정적으로 자신의 삶을 살아낸다. 마치 가진 것 없이 초라한 사람과도 같았던 그 나무가 환경에 순응하면서 결국 자신의 몫을 해내는 것이다. 이 그림책을 통해 조금씩 단단해졌을 내 삶에 대해, 앞으로 더 크고 영양가 있을 열매를 맺을 내 삶에 대해 생각해 보기를 바라는 마음에 선정했다.

4) 나를 사랑할 용기 / 기시미 이치로 지음, 홍성민 옮김 /
　 한국경제신문 / 2016

『미움받을 용기』라는 책으로 우리나라에도 아들러 심리학 열풍을 일으켰던 기시미 이치로가, 국내외에서 강연 및 상담을 통해 만난 사람들의 질문 중 호응이 높고 공감을 불러일으켰던 88가지 질문에 대한 대답을 엮은 책이다. 그는 이미 지나버린 과거의 일이나 사회적 여건과 같이 내 힘으로 바꿀 수 없는 것들에 연연하기보다는, 스스로 바꿀 수 있는 것들에 주목하고 향후 어떻게 해나갈 것인가에 주목하라고 충고한다.

또한 모든 것의 시작은 자기 스스로를 사랑하는 것임에도 그러지 못하는 것은, 어떤 결과를 정당화시키기 위한 목적으로 그렇게 마음을 먹었기 때문이라고 한다. 따라서 내 마음 안에서 일어나는 열등감을 비롯하여 질투심, 허영심, 분노, 증오, 소심함과 같은 다양한 감정들의 원인과 현재 그로 인해 나타나고 있는 현상을 제대로 이해하고, 그 부분들을 어떻게 다스려야 하는지 터득할 수 있는 해결책을 모색해 준다.

5) 나를 사랑하지 못하는 나에게 / 안드레아스 크누프 지음,
   박병화 옮김 / 걷는나무 / 2017

우리는 부족한 내 모습에 대해 스스로에게 책임을 묻는다. 내가 어떻게 하면 변할지를 정확하게 알고 있지만, 행동하지 않기 때문이다. 예컨대 먹는 것을 줄이면 날씬해진다는 것을 알면서도 여전히 식단 조절은 어렵고, 아침 일찍 운동을 하기는 더 힘들다. 그래서 매번 다이어트에 실패하곤 한다. 이처럼 인간은 본래 편한 것을 추구하기 때문에 머리로 안다고 해도 실행이 쉽지 않다. 그러니 지금 모습은 여전히 불만족스럽고, 이때 우리는 자신을 더 억누르고, 더 엄격하게 자신을 채찍질

해야 한다고 생각한다. 그래서 우리는 늘 타인보다 자신에게 가혹하다. - 〈지금의 '내 모습'을 사랑할 수 있나요?〉 중에서

분야를 막론하고 경쟁이 치열하기 때문에 생존 및 성장을 위해서라도 자신에 대한 채찍질은 필요하다. 그러나 타인들과의 비교나 평가에만 몰입된다면 결국 불행감에 빠져버릴 것이다. 이 책은 스스로 만들어 낸 고통과 불안감 속에 갇혀 매일을 아프게 보내는 사람들에게, 끝없는 열등감에서 벗어나 자유롭고 행복하게 살 수 있는 방안들을 제시해 준다.

6) 내가 무슨 부귀영화를 누리겠다고 / 진민영 지음 / 문학테라피 / 2019

모든 일에 열정을 갖고 임했는데 허무함이 밀려오면서 '내가 무슨 부귀영화를 누리겠다고 이 고생을 하는지 모르겠다.'는 생각이 들 때가 있다. 이런 생각은 때로 자책감이나 죄책감에서 벗어나기 위한 자기 합리화라는 방어기제가 되어주지만, 자기효능감과 자아존중감을 떨어트리면서 동시에 퇴사하고 싶다는 마음이 커지게 만들기도 한다.

이 책에는 '퇴사하고 싶을 때', '독서가 숙제처럼 느껴질 때', '목표 달성에 자꾸만 실패할 때'와 같은 상황에 좌절하지 않고 행복해질 수 있는 맞춤 처방이 담겨 있다. 따라서 각자에게 최적인 해답은 아닐 수 있겠지만 여러 각도에서 생각해 볼 수 있는 기회는 제공받을 수 있을 것이다. 이 일을 통해 부귀영화를 누리지 못할 거라면 마음이라도 편해야 하지 않겠는가?

7) 나를 사랑하기로 했습니다 / 크리스틴 네프 · 크리스토퍼 거머 지음, 서광 외 옮김 / 이너북스 / 2020

마음챙김은 500년 경 인도에서 태어난 석가모니(고타마 붓다)의 가르침에 기초한 종교인 불교에서 시작된 개념이다. 승려이자 평화 운동가인 틱낫한은 마음챙김을 두고 "매 순간을 정말 소중하게, 당신의 삶을 사는 것"이라고 표현했는데, 이 책은 자기 연민을 위한 가장 다정한 마음 치유 워크북 역할을 해줄 것이다.

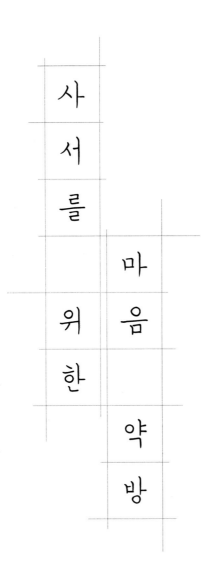

사서를 위한

마음 약방

열두 번째
처방전

자기효능감

1. 자기효능감에 대한 이해

자기효능감(自己效能感, self-efficacy)은 사회학습이론으로 유명한 캐나다의 심리학자인 앨버트 반두라(Albert Bandura)가 제시한 개념으로, 어떤 상황에서 적절한 행동을 할 수 있다는 기대와 신념을 뜻한다. 자기효능감은 자기 효능성에 대한 기대(expectation of self- efficacy) 또는 자기 효능성에 대한 신념(belief of self-efficacy)이라고도 하는데, 주어진 업무를 완수할 수 있는 능력이 자신에게 있다는 인지적 판단이라고 할 수 있다. 따라서 자기효능감에 대한 측정은 개개인이 그들의 기술을 바탕으로 실행에 옮기는 역량을 중심으로 실시한다. Steers와 Braunstein(1976)[52]에 의하면, 자기효능감이 높으면 과제나 업무에 집중하여 높은 성취도를 보일 수 있고, 적극적인 자세로 업무를 수행하여 높은 만족감을 느끼게 되며, 결국 자아에 대한 긍정적 효과도 있다.

자기효능감은 성취 경험, 대리 경험, 언어적 설득, 생리적 상태 등의 4가지 주요한 정보원들에 의해서 영향을 받게 되는데, 그 상세한 내용은 다음과 같다. 우선 성취 경험은 자기효능감 판단에 중요한 정보를 제공한다. 왜냐하면 자기효능감은 과거의 성공적인 경험에 기초하기 때문이다. 따라서 만약 성공적인 경험이 반복된다면 자기효능감이 높아질 것이고 실패한 경험이 많다면 낮은 자기효능감을 가질 것이다. 둘째, 대리 경험은 간접적인 정보나 이미지에 의해서 효능감 정보를 얻을 수 있다는 것으로, 전혀 경험해 보지 못한 것이라도 간접적으로 대리 경험을 많이 했다면 자기효능감이 높아진다는 것이다. 셋째, 언어적 설득은 가족, 교사, 동료, 친구들에 의해 주로 형성되는

---

52) Steers, R. M. & Braunstein, D. N. 1976. A Behaviorally-Based Measure of Manifest Needs in Work Settings. *Journal of Vocational Behavior*, 9(2): 251-266.

것으로, 언어적 설득의 효과는 설득자의 지위, 신용, 지식, 능력 등에 따라 차이가 발생할 수 있다. 넷째, 생리적 상태는 정서적 흥분, 각성과 같은 의미로 이해될 수 있다. 불안이나 공포 등의 정서적 흥분 상태보다 정서적으로 안정되어 있을 때 상황에 적절한 수행을 하여 성공을 기대할 수 있는데, 흥분되어 있을 때는 효과적인 행동을 하지 못하므로 이는 자신의 능력에 대한 기대감, 즉 자기효능감을 약화시킨다는 의미이다. 따라서 정서적 안정 상태에서의 수행은 자기효능감을 높일 것이다.[53]

자기효능감의 관점에서 본다면 세상은 실제로 존재하는 객관적인 것이 아니라 자신이 스스로 보는 방식의 결과물일 뿐이다. 그리고 그 세계를 바라보는 지속적인 행동방식과 가치관은 이후의 자신의 행동에 결정적인 영향력을 행사하게 된다. 그렇게 볼 때 우리가 인식하는 모든 변화는 외부적인 영향력에 의해서가 아니라 스스로의 변화에 대한 내부적인 인식 때문에 일어나게 된다.[54]

---

53) Bandura, A. 2006. Guide for constructing self-efficacy scales. *Self-efficacy beliefs of adolescents*, 5: 307-337.

54) 이임정. 2009. 자기효능감의 이해를 통한 인간의 욕구와 행동에 관한 연구. 『경영교육연구』, 55(1): 221-247.

2. 사서의 자기효능감

그렇다면 사서들의 자기효능감은 어느 정도일까? 관종, 근무 형태, 직위, 성별, 나이 등의 변인에 따라 개인차가 클 것이므로 쉽게 짐작하기가 어려운데, 마침 주제전문사서인 의학사서를 대상으로 한 연구가 있어 그 내용을 통해 유추를 해보고자 한다.

오의경(2015)[55]은 의학사서의 전문성 수준을 가늠하기 위해 응답자 85명들의 자기효능감과 자아존중감을 측정한 결과를 논문으로 발표한 적이 있다. 그 내용에 따르면 응답자의 자기효능감은 5점 만점에 3.42점, 자아존중감은 5점 만점에 3.89점으로, 보편적 수준으로 봤을 때 자기효능감은 보통 수준, 자아존중감은 높은 편이라고 분석하였다. 또한 이 점수를 기반으로 의학사서는 보통 이상의 긍정적인 직무태도를 갖고 있다고 말하였다. 따라서 이 결과를 일반화한다면 사서들은 보통 수준 이상의 자기효능감을 갖고 있을 것이다.

---

55) 오의경. 2015. 국내 의학사서자격제의 현황과 문제점 및 의학사서의 자기효능감과 자아존중감에 관한 연구. 『한국문헌정보학회지』, 49(1): 405-421.

3. 자기효능감 높이기

결국 자기효능감은 끊임없이 자신의 쓸모를 스스로가 인정하고, 직장에서 인정받는 과정이라고 할 수 있다. 다음과 같은 방안들을 실천한다면 자기효능감을 높이는 데 도움이 될 것이다.

1) 자기 인식 능력을 높인다. 자기 인식은 내가 누구인지, 무엇을 좋아하고 잘하는지 등에 대해 얼마나 알고 있는가에 대한 측면이기 때문에, 이 부분이 명확하면 자기효능감도 쉽게 높일 수 있다.

2) 도전하고 성취한다. 도전하지 않으면 성취할 수 없다. 그러니 '처음부터 잘하는 사람은 없다', '시작이 반이다', '언젠가는 잘하게 될 것이다'라는 생각을 갖고 도전해서 결국 성취하자.

3) 스스로를 응원해 준다. "나는 그것을 해낼 수 있다, 만약 실패하면 다시 도전하면 된다."와 같은 말을 반복적으로 되뇌면서 자신에게 기운을 북돋아주자.

4) 관계를 재정립한다. 때로는 비판의 말도 필요하지만 이왕이면 응원과 격려를 해주는 사람과 가까이 지내면서 긍정적인 에너지를 받자.

다음의 시는 여러 차례 넘어짐을 겪어 자기효능감이 떨어져 있는 사람들에게 정호승 님이 들려주는 삶의 지혜이다.

넘어짐에 대하여

정호승

나는 넘어질 때마다 꼭 물 위에 넘어진다
나는 일어설 때마다 꼭 물을 짚고 일어선다
더 이상 검은 물속 깊이 빠지지 않기 위하여
잔잔한 물결
때로는 거친 삼각파도를 짚고 일어선다

나는 넘어지지 않으려고 할 때만 꼭 넘어진다
오히려 넘어지고 있으면 넘어지지 않는다
넘어져도 좋다고 생각하면 넘어지지 않고

천천히 제비꽃이 핀 강둑을 걸어간다

어떤 때는 물을 짚고 일어서다가

그만 물속에 빠질 때가 있다

그럴 때는 아예 물속으로 힘차게 걸어간다

수련이 손을 뻗으면 수련의 손을 잡고

물고기들이 앞장서면 푸른 물고기의 길을 따라간다

아직도 넘어질 일과

일어설 시간이 남아 있다는 것은 큰 축복이다

일으켜 세우기 위해 나를 넘어뜨리고

넘어뜨리기 위해 다시 일으켜 세운다 할지라도

『포옹 / 정호승 지음 / 창비』

4. 사서를 위한 마음약방

다음에 소개하는 책들은 효능성에 대한 기대감과 신념을 높이는 데 도움을 줄 것이다. 자신의 자리에서 묵묵히 직무에 최선을 다하고 계신 사서 선생님들께 감사와 존경의 마음을 전한다.

1) 허튼 생각 / 브리타 테켄트럽 글·그림, 김서정 옮김 /
길벗어린이 / 2020

사람이 동물과 다른 점은 본질에 지성을 갖추고 있기 때문에 이성적인 사고를 할 수 있다는 것이다. 사람들은 하루에도 오만가지 이상의 생각을 할 수 있다고 하는데, 때로 답은 떠오르지 않은 채 종일 머릿속을 맴돌기 때문에 정신만 사나운 경우도 있지만, 현재와 같은 발전을 이룰 수 있었던 원동력도 결국 그 생각들이었을 것이다.

이 책에는 '왜 사람들은 모두 사랑받고 싶어 할까?', '나는 왜 늘 벽에 부딪히지?'와 같이 우리 삶에 관한 질문들이 담겨 있다. 따라서 이야기를 따라가다 보면 자연스럽게 내면 깊숙한 곳에 숨겨진 자신의 감정들, 여전히 알 수 없는 미래와 꿈들, 한없이 어려운 다른 사람과의 관계 등에 대한 답을 생각해 보게 된다. 따라서 나, 관계, 사회, 삶 등에 대해 고민하며 계속 본인을 발전시켜 나가고자 하는 이들에게 추천하고 싶다.

이 그림책의 주인공인 복서는 힘을 갖고 있다. 그런데 그힘을 파괴에 사용하면서 주변의 것들은 점점 사라지고 작아지게, 자신은 더 외롭게 만들고 만다. 그러자 그는 아버지가 남겨준 권투 장갑을 바라보며 아버지가 왜 그에게 주먹으로치는 법을 가르쳐 주었는지, 또 이 힘은 어디에서 온 것인지에 대해 고민한다. 그리고 이전에는 생각해 보지 않았던 질문들을 던지고, 과거의 기억에서 힘을 사용하는 법에 대한 답을찾는다.

힘은 누가 어떻게 사용하는가에 따라 사회 전반에 끼치는영향력이 다르다. 따라서 더 많은 힘을 갖고 있는 사람일수록그것을 긍정적으로 사용하기 위해 노력할 필요가 있다. 이런맥락에서 봤을 때 사서는 개인과 사회를 변화시킬 수 있는 힘을 갖고 있는 사람들이다. 그러므로 갖고 있는 힘들을 어떻게활용하는 것이 좋을지 생각해 봤으면 하는 마음에 선택한 그림책이다.

이 그림책의 제목에 포함된 '자유로'는 실제 도로의 이름이지만 중의적으로 내가 찾고 싶은 '자유'로 해석을 할 수도 있다. 왜냐하면 주인공은 막힘없이 자신이 나아가고 싶은 곳을 향해 가고 싶어 하기 때문이다. 그런데 도로의 표지판이, 여러 역할들이 그 길을 막아서고 있다. 그래서 이제 되돌아가야 한다는 생각에 사로잡힐 때, 내 안의 작은 내가 다정한 위로를 건네 온다. 시간이 흐르면 결국 내 꿈을 이룰 수 있을 거라고, 그러니 잠시 멈추어 숨을 고르라고. 내가 나아가고 싶은 길의 방향을 다시 한 번 생각해 볼 수 있도록 돕기 위해 선정한 책이니, 읽으면서 깊은 한숨을 내쉬기 바란다.

최근 성인들 중에도 발레를 취미로 시작하는 사람들이 많다고 한다. 어쩌면 발레 자체가 어릴 적부터의 꿈이었거나 지친 일상의 탈출구로 선택한 것일 수도 있지만, 이유가 어떻든 모든 사람에게 똑같이 적용되는 점은 한 동작 씩 차근차근 익혀 나가야 한다는 것이다. 이 그림책에는 일곱 살에 발레를 배우기 시작한 지유, 발레 무대에 서고 싶은 지수, 세계적인 무대에서 춤을 추는 제이가 등장하는데, 그들의 시작은 항상 가장 기본 동작인 플리에부터이다. 그런데 그렇게 한 단계 씩 차근차근 포기하지 않고 해나가다 보면, 언젠가는 자신의 꿈을 이룰 수 있게 된다. 소재는 발레이지만 저마다 자신의 자리에서 열심히 살아가는 사람들을 응원하는 그림책이어서 선정했다.

5) 도시를 움직이는 사람들 / 브라이언 플로카 글·그림, 김명남 옮김 / 문학과지성사 / 2021

코로나-19 팬데믹으로 인해 전 세계인들은 많은 변화들을 빠른 시간 안에 겪을 수밖에 없었다. 특히 출근이나 등교, 외출이나 만남을 못하거나 자제해야 하는 상황은 마치 내가 멈추어 있는 것처럼 느끼게 해, 사회마저 정지되어 있는 것처럼 여기게 만들었다. 그러나 이 책에도 소개된 사람들이 있는 것처럼 사실 도시는 지금 이 순간에도 어떤 직업군의 누군가로 인해 움직이고 있고, 사서 역시 그들 중 한 사람이다. 따라서 예전만큼은 아니지만 여전히 사회 복귀 및 발전을 위해 노력하고 있다는 자부심을 가졌으면 하는 마음에 선정해 본 그림책이다.

사서는 도서관에서 1년 동안의 운영에 관한 계획을 수립하고, 도서 구입 같은 예산을 집행하며, 필요한 각종 물품을 구매 및 관리하고, 다양한 프로그램을 기획 및 홍보한 뒤 참여자들을 모아 진행한다. 행사가 끝나면 결과 보고서를 작성해 기록으로 남겨 보고를 하고, 데스크에 있을 때에는 대출 및 반납과 같은 기본 업무도 수행한다. 그 밖에도 겉으로 드러나지는 않기 때문에 이용자들이 잘 몰라서 그렇지, 사서들이 해내야 할 일은 훨씬 더 많다. 따라서 사서들은 그야말로 멀티플레이어로서의 역할을 해낼 수 있는 역량을 갖추어야 한다.

이 책의 출간 목적은 청소년 및 청년들에게 사서라는 직업에 대한 이해를 구해서, 그들이 사서로서의 꿈을 키울 수 있도록 돕는 데 있다고 한다. 따라서 사서라는 직업의 유래와 사서가 되는 과정 등의 내용도 포함되어 있지만, 도서관 현장에서 일하고 있는 저자의 다양한 경험들이 자긍심을 바탕으로 소개되어 있기에 동일시를 느끼시라는 맥락에서 추천하는 바이다.

7) 도서관 별책부록 : 우리는 도서관에 산다 /
대치도서관 사서들 지음 / 리스컴 / 2021

최근 전·현직 사서들의 도서관 근무 경험에 대한 책이 다수 출간되고 있는데, 그중에서도 이 책이 갖고 있는 가장 큰 가치는 한 도서관에 근무하고 있는 사서들이 모두 참여해서 각자가 경험한 일들, 사서로 살아가면서 느끼는 것들을 직접 썼다는 점이다. 따라서 도서관의 다양한 역할과 더불어 다재다능하면서도 성실한 사서들의 이야기를 두루 읽을 수 있는데, 그 점만으로도 자기효능감이 향상되는 효과를 볼 수 있을 것 같아 추천한다.

주제전문사서는 르네상스시대의 대학 사서로부터 시작되어 시대, 국가, 관종 등에 따라 여러 가지 용어로 사용되어 왔는데, 가장 널리 쓰이는 용어는 주제전문가(subject specialist)라고 할 수 있다.[56] 문헌정보학용어사전[57]에 따르면 주제전문사서는 주제 분야에서 고도의 지식을 소유하고 관련 주제 영역의 자료를 선정, 평가하는 업무를 담당하고 아울러 정보서비스와 서지업무를 담당하는 도서관 직원으로 정의하고 있다.

이 책은 클랜디닌(Clandinin)과 코넬리(Connelly)가 제시한 내러티브 탐구 방법을 활용하여 주제전문사서들의 직업적인 정체성을 탐구하고 있기 때문에, 도서관 사서로서의 직업 경험의 의미와 개인적 현장 지식에 대한 면을 점검할 수 있을 것 같아 소개한다.

---

56) 한상완. 1975. 『대학도서관 참고/정보업무에 있어서 주제 전문가의 기능에 관한 연구』. 석사학위논문. 연세대학교 대학원 도서관학과.

57) 사공 철 등. 2003. 『문헌정보학용어사전』. 서울: 한국도서관협회.

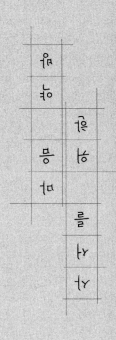

나가기

　이 세상에 살고 있는 사람들은 모두 다르다. 일례로 좋아하는 것들의 차이를 생각해 보면, 어떤 이는 책읽기를 좋아하고 다른 이는 운동하는 것을 좋아할 수 있다. 그리고 또 다른 이는 책읽기와 운동은 물론이고 쇼핑하기, 노래 부르기 등 여러 가지를 좋아할 수 있으며, 혹자는 자신이 무엇을 좋아하는지 모를 수도 있다.

　그런 맥락에서 한 가지를 예측해 본다면, 아마도 이 책을 집어 들어 끝까지 읽은 사람이라면 분명 책읽기를 좋아할 가능성이 높다. 또한 자신이 책읽기를 좋아하는 사람이라는 점을 알고 있을 가능성도 높다. 따라서 그런 분들은 어떤 어려움에 처했을 때 그 상황에 알맞은 책들을 제때에 골라서 읽는 것만으로도 큰 도움을 받을 수 있다.

　그런데 문제는 자신이 좋아하는 것이 무엇인지 모르는 사람들이다. 왜냐하면 그들은 심리 정서적인 어려움이 닥

쳤을 때 자신을 그 상태에서 빨리 건져낼 방안을 갖고 있지 않기 때문이다. 그래서 불안하거나 우울한, 혹은 짜증이 난 감정을 오랫동안 유지할 수밖에 없고, 결국 건강을 해치는 경우로까지 이어질 수도 있다.

그래서 이제라도 내가 무엇을 좋아하는 사람인지 진지하게 생각해 보기 바란다. 또한 좋아하는 것이 한 가지 이상일 수 있도록, 여러 분야에 도전을 해보고 그중에서 가장 잘 맞는 것을 찾아내기 바란다. 물론 일하느라 바빠서 시간도 없고 한 달 생활도 빠듯하게 할 테니 여러모로 여유가 없을 것이다. 그럼에도 이런 노력들은 나 자신의 심리 정서를 보다 건강하게 해줄 방안이 될 것이다.

이 세상을 살아내려면 감정 노동을 할 수밖에 없다. 다만 차이라면 노동 이후 남아 있을 부정적인 감정을 얼마나 빨리, 얼마나 많이 덜어내느냐가 아닐까? 부디 내 감정의 주인이 되어 건강하고 행복하게 살아가시기 바란다.

사서를 읽으면 마음이 환해진다

초판 1쇄 2022년 02월 21일
초판 2쇄 2024년 01월 22일

저　　자　차영권
펴　낸　이　최호순
펴　낸　곳　시간의물레
등　　록　2004년 6월 5일
주　　소　경기도 파주시 숭학등로 150, 708동 701호
전　　화　031-945-3867
팩　　스　031-945-3868
전자우편　timeofr@naver.com
블　로　그　http://blog.naver.com/mulretime
홈페이지　http://www.mulretime.com
I S B N 978-89-6511-377-5 (03020)
정　　가　12,000원